DCS
Departure Control System

공항 수속 서비스 개론

Preface

외부 환경에 영향을 많이 받는 항공산업은 코로나와 같은 여러 악재를 이겨내면서 기술이 더욱더 발전되어 가고 있다. 많은 공항 업무가 자동화되고, 생체인식 등의 최신 기술이 도입되면서 승객에게 보다 빠른, 보다 편리한, 보다 안전한 서비스를 제공하게 되었다.

항공시장의 발달과 더불어 항공사 직원이 수행해야 할 업무가 변화되고, 자동화 및 새로운 기술을 습득하고 업무에 적용할 수 있는 항공 전문 인력에 대한 수요가 끊임없이 요구되고 있다.

이 교재를 통하여 공항 및 항공 관련 업무에 종사하고자 하는 학생들이 공항에서 이루어지는 다양하고 많은 업무를 파악하여 포스트코로나 시기의 늘어나는 채용 기회에 적극적으로 도전하기를 바란다.

DCS
공항 수속 서비스
개론

Cotents

Cotents

Chapter
03
공용체크인
시스템

Chapter
04

**여행 및 건강
관련 문서**
Travel and
Health
Documentation

Chapter
05

승객 수속
서비스
Passenger
Acceptance

Chapter
06

수하물 서비스
Baggage
Acceptance

Chapter
08
도착 및 환승
서비스

교재 소개

본 교재는 승객의 탑승 수속을 진행하는 공항 수속 시스템(Departure Control System, DCS)의 기능적 역할과 지원 서비스를 소개하고, 이에 따른 탑승 서비스 및 관련된 여러 가지 공항 근무자들의 전문 영역에 대하여 설명하고자 한다.

공항 수속 시스템(Departure Control System; DCS)은 항공사가 공항에서 승객을 체크인하는 데 사용하는 시스템이며, 예약 시스템(CRS)과 정보 연결이 되어 항공편에 유효한 예약이 있는 승객의 명단을 탑승 수속하도록 확인할 수 있게 되어 있다. DCS는 세관 또는 국경 보안 기관에서 요구하는 정보를 입력하고 탑승권을 발급하는 데 사용되며, 또한 화물을 발송하고 항공기 중량과 균형을 최적화하는 데에도 사용할 수 있다.

항공 여객 서비스를 제공하는 모든 직원은 공항이나 항공사의 예약 및 탑승 수속 시스템에 대해 잘 알고 있어야 한다.

과거에는 공항과 항공사에서 자체 예약 및 승객 처리 시스템을 소유했으나, 오늘날의 예약 시스템인 GDS는 독립 회사에서 운영하며 아래와 같은 대표적인 회사의 시스템을 이용하여 예약 및 수속을 진행하는 경우가 많다.

- 아마데우스 Amadeus
- 트래블포트 Travelport
- 세이버 Sabre

공항 수속 시스템(DCS)은 공항과 항공사마다 사용하는 시스템의 종류가 다양하며, 인천공항의 경우 승객의 체크인 및 보딩 업무를 처리하는 공용 시스템인 Air-CUS(Airport Integrated Resources Common Use System, 에어큐스)를 항공사의 체크인 DCS와 연계하여 사용하고 있다.

이들 시스템은 각각의 고유한 자체 사용법에 대한 시스템 교육이 필요하지만 동일한 목적, 즉 항공 지상 근무자가 승객 및 수하물 처리를 지원하는 것을 목적으로 하며, 컴퓨터 예약 시스템과 연결된 공항 수속 시스템의 기능과 공항 내에서 승객에게 제공되는 서비스 절차에 대해 살펴보기로 한다.

공항 수속
시스템의 이해

DCS
Introduction to Airport Check-in Services

1. 공항 수속 시스템

1 공항 수속 시스템의 기능

공항 수속 시스템(The Departure Control System)이란 공항에서의 탑승 수속 및 그에 따른 승객과 화물에 관련한 서비스들을 수행하고, 항공기가 정상적으로 운항할 수 있도록 운영에 관련한 다양한 기능들의 절차를 자동화시킨 시스템이다.

IATA에서는 공항 운영 매뉴얼(IATA AHM: IATA Airport Handling Manual)에서 체크인 및 탑승 절차에 대한 일반적인 개요와 체크인, 수용 인원 관리 및 항공 운송을 보다 효율적으로 수행할 수 있도록 아래와 같은 내용을 권장한다.

> **IATA AHM 503**
>
> In programming and operating their electronic departure control(EDP) systems, Members observe principles and detailed requirements of the IATA functional specification for a standard departure control system.

AHM 503은 공항 수속 시스템(DCS: Departure Control System)을 사용자인 항공사에 제공하거나 제공할 계획인 항공사, 제조업체, 공항을 지원하기 위해 사용자 요구 사항을 정의하는 규정을 제공하게 되며, 이를 기반으로 사용자는 규정에 따른 올바른 시스템 사용을 하게 된다.

DCS는 항공기 운항 계획, 발송, 화물 및 예약과 같은 다양한 다른 시스템과도 상호작용한다.

항공 지상 근무자, PGSA는 수속을 담당하는 항공사의 수속 시스템을 사용해야 하며, 항공사별 자체 DCS를 개발하거나 해결 프로그램에 따른 새로운 시스템 도입 시, 혹은 여러 항공사의 수속을 맡는 회사인 경우, 해당 항공사의 DCS를 교육받거나 프로그램 습득을 하여야 한다. DCS는 항공사의 공항 관리 업무를 자동화하며 그 업무는 공항 체크인, 탑승권 발행, 화물 적재 관리 및 항공기 검사에 필요한 다양

🐌 그림 1-1_ 인천 국제공항 수속 시스템 AirCUS

한 정보 관리까지 포함된다.

오늘날 DCS는 CUSS(Common User Self-Service System), 온라인 체크인, 모바일 탑승권 및 수하물 처리와 같은 다양한 기기와의 상호작용을 통해 전자항공권의 약 98%를 관리하게 되었으며, 항공사의 CRS에 저장되어 있는 PNR(Passenger Name Record, 승객 예약 기록)에서 승객에 대한 예약을 확인할 수 있도록 정보가 연결이 되어 있다.

DCS 시스템은 GDS, 중량 배분 시스템(Load Control System), 그리고 항공사의 재고관리Inventory Management와 직간접적으로 상호작용한다.

DCS는 또한 출입국 관리, 비자, 출입국 금지 대상 승객 목록과도 연결되며, 대규모

🐌 그림 1-2_ 수속 자동화 키오스크와 스마트 체크인 표기(인천국제공항 제1터미널 및 제2터미널의 키오스크)

국제 공항에는 각 항공사마다 다양한 DCS 시스템을 사용하거나 혹은 항공사의 능률적인 운영을 위해 하나의 통합된 단일 DCS를 사용하기도 한다.

2 공항 수속 시스템의 변화

오늘날의 공항은 빠른 속도로 전산화되어 가고 있다. 수속 업무 및 위탁 수하물 처리까지 자동화 시스템의 도입으로 빠르고 편안한 서비스가 진행되고 있으며, 자동화의 속도도 빨라지고 있다. 키오스크나 Self-Bag drop Service를 통하여 승객들은 스스로 본인의 수속을 진행하거나, 혹은 항공사들의 자체 앱이나 웹사이트를 통한 모바일 수속이 가능하게 되었다.

인천국제공항은 자동화 시스템을 위한 키오스크 설치를 완료하였고, 수속 시스템 또한 공용 여객 처리 시스템을 도입하여 다양한 항공사에게 탑승 수속 시 필요한 다양한 관련 서비스 및 장비를 제공하고 있다.

2. 항공 예약 시스템

항공 예약 시스템은 승객의 여정과 서비스에 대한 요청을 전산화하여 항공사별 다양한 CRS와 GDS를 통해 예약 및 발권을 진행할 수 있도록 한다. 항공 예약 시스템은 항공사별로 자체 시스템을 사용하거나 다양한 GDS를 사용하기도 하는데 이를 통하여 전 세계에서 실시간으로 좌석과 예약을 확인할 수 있으며, 예약 기록의 세부 내역이 DCS로 전송되어 승객의 수속을 가능할 수 있게 한다.

CRS와 GDS는 항공 예약의 기능을 모두 수행할 수 있는 시스템으로, CRS가 초창기 항공 스케줄에 대한 예약에 초점이 맞추어져 있다면, GDS는 보다 광범위하게 글로벌 기반을 통하여 항공뿐 아니라 호텔, 렌터카 등의 통합적인 예약 및 항공사와 여행사 간의 보다 진보적인 협업을 위해 발전된 시스템이라고 볼 수 있다.

① 항공 예약 시스템의 기능

항공 예약 시스템은 단순히 승객의 여정을 예약하고 항공권을 발권하는 기능뿐 아니라 아래와 같은 역할을 한다.

❶ 예약 작업자(항공사 직원)의 반복적인 작업을 최소화함

❷ 승객의 다양한 접근 방식(전화, 인터넷, 안내 데스크 등)을 통해 예약 취소 및 변경 등이 동일하게 처리

❸ 고객 정보 활용: 기상 악화로 인한 항공편 결항 등의 비상 상황 시 입력된 승객의 연락처 활용 및 고객 맞춤 서비스 정보를 통해 마케팅에 활용

> ✿ 승객의 서비스 선호도와 여행 패턴을 추적하여 더 나은 서비스를 제공하고, 보다 효율적으로 항공편을 예약하는 데 사용된다.

또한, 이러한 기능적인 역할 이외에도 승객의 데이터베이스를 통하여 마케팅이나 홍보를 진행할 수 있으며, 승객의 구매 시기와 여행 시기를 예상하여 항공기 스케줄, 기종, 목적지 등 다양한 판매 계획을 세울 수도 있다. 이를 통하여 항공사는 수익을 극대화하기 위한 자료 분석과 소비자의 요구에 따른 판매 방법을 도모하게 된다.

❹ 여행을 자주 다니는 사람들에게 특별 행사 및 할인 홍보

❺ 항공기의 공석을 최소화하고 항공기 수용 능력을 극대화

❻ 탄력적 가격 정책 도입(티켓 가격은 출발 전 고객의 구매 시점과 수요에 따라 다양함)

🎯 그림 1-3_ 항공예약 시스템 아시아나세이버(좌), 토파스셀커넥트(우)

항공 지상 직원으로 근무하게 되면, 입사 후 실제 사용할 시스템에 대한 교육을 공항이나 항공사에서 받을 수 있다. 입사 후 시스템에 접근할 수 있는 ID와 Password를 부여받으며, 이를 통해 시스템에서 작업하는 모든 업무 내용이 사용자의 ID로 기록 및 저장되게 된다.

승객과 항공사 간의 대화 내용은 일반적으로 통화 기록 녹음을 통하여 녹음되지만, 예약 기록은 예약 히스토리에 작업자, 즉 항공사 업무 담당 직원의 ID를 통하여 진행되므로, 누가 예약을 진행하고 언제 작업하였는지에 대한 기록이 명확하게 남게된다.

또한 작업이 진행된 도시와 사용자 오피스번호를 통하여 발행 여행사, 지역 및 담당자 추적이 가능하다.

```
   --- TST RLR ---           ❶              ❷         ❸
   RP/SELK1394Z/SELK1394Z            AA/SU   10SEP21/0416Z    52E5JD
   3010-0496
   1.KIM/KYUNG HAE MS   2.KIM/SERA MISS(CHD/01MAY17)
   3   KE 623 Y 01NOV 1 ICNMNL HK2   1835 2145  01NOV  E  KE/52E5JD
   4   KE 622 Y 10NOV 3 SEOUL, INCHEON INTERNATIONAL    E  KE/52E5JD
   5 AP 010
   6 TK PAX OK10SEP/SELK1394Z//ETKE/S3-4/P1-2
   7 SSR CHLD KE HK1 01MAY17/P2
   8 SSR CHML KE HN1/S3/P2
   9 SSR CHML KE HN1/S4/P2
  10 FA PAX 180-3331200405/ETKE/KRW1016700/10SEP21/SELK1394Z/0003
        9911/S3-4/P1
  11 FA PAX 180-3331200406/ETKE/KRW780600/10SEP21/SELK1394Z/00039
        911/S3-4/P2
```

❶ 예약이 이루어진 장소 및 사용자 시스템 번호 표기
❷ 예약 생성 및 변경 작업자 표기와 작업자 시스템 접근 레벨
❸ 예약 생성 및 변경 날짜와 시간 표기(GMT시간 기준)

출처:토파스셀커넥트

🍥 그림 1-4_ 토파스셀커넥트를 통한 항공 예약 사항

```
RP/SELK1394Z/SELK1394Z              AA/SU  10SEP21/0416Z    52E5JD
❶  000 ON/KIM/KYUNG HAE MS KIM/SERA MISS(CHD/01MAY17)
    000 OS/KE 623 Y 01NOV 1 ICNMNL LK2 1835 2145/NN *1A/E*
    000 OS/KE 622 Y 10NOV 3 MNLICN LK2 1230 1725/NN *1A/E*
    000 OP/AP 010
    000 RO/RSVN/KE/3010-0496
    000 OT/TKOK 10SEP/SELK1394Z
    000 OR/SSR CHLDKEHK1 01MAY17/KIM/SERA MISS(CHD/01MAY17)
    000 OR/SSR CHMLKEHN1/KE 623 Y 01NOV ICNMNL/KIM/SERA MISS(
        CHD/01MAY17)
    000 OR/SSR CHMLKEHN1/KE 622 Y 10NOV MNLICN/KIM/SERA MISS(
        CHD/01MAY17)
    000 OF/FM *M*0
    000 OF/FP CASH
    000 OF/FV KE/KE 623 Y 01NOV ICNMNL/KE 622 Y 10NOV MNLICN/
        KIM/KYUNG HAE MS
    000 OF/FV KE/KE 623 Y 01NOV ICNMNL/KE 622 Y 10NOV MNLICN/
        KIM/SERA MISS(CHD/01MAY17)
    000 RF-  CR-SELK1394Z 00039911 SU 1751AA/DS 10SEP0416Z
                            ❷            ❸
```

❶ 승객과의 예약 진행 상황
❷ 예약 진행 및 수정 작업자 표기(작업자 ID)
❸ 예약 진행 및 수정 날짜 표기(GMT 시간 기준)

출처:토파스셀커넥트

🐚 그림 1-5_ 토파스셀커넥트 예약 내 예약 작업 기록의 예

❷ 항공 예약 시스템의 변화

IATA는 변화하는 항공 산업에서 여행객의 개별 요구(Personalization)에 맞추어 차세대 예약 시스템인 NDC(New Distribution Capability)를 도입하였다. 2016년에 시작된 IATA NDC는 항공사와 여행사의 항공권 예약 및 발권 시 사용하는 GDS 비용을 절감하고, 승객의 다양한 요구에 맞추어 합리적이고 개별화된 항공권 예약을 진행할 수 있도록 설계되어 있다.

IATA는 NDC를 통하여 승객이 항공권 예약을 진행할 때 승객의 과거 예약 기록

→ 서울 - 프랑크푸르트

2..년 11월 28일 (Sun)	2..년 11월 29일 (Mon)	2..년 11월 30일 (Tue)	21년 12월 01일 (Wed)	21년 12월 02일 (Thu)	21..년 12월 03일 (Fri)	21년 12월 04일 (Sat)
최저 KRW 355,800	최저 KRW 355,800	최저 KRW 355,800	최저 KRW 355,800	최저 KRW 391,300	최저 KRW 355,800	최저 KRW 391,300

정렬 경유 횟수 ∨

		이코노미	프리미엄 이코노미
15:10 - 18:50 ICN - FRA 0회 경유 11h 40min	LH713 운항사: Lufthansa	◉ 최저 KRW 355,600	○ 최저 KRW 777,100

다음 이코노미 클래스 요금 중 하나를 선택해 주시기 바랍니다.

Economy Basic Plus

- 전자 잡지
- 기내식
- 최대 23kg 가방 1개의 수하물
- 최대 8kg 가방 1개의 휴대 수하물
- 재예약 무료(운임 차액 부과 가능)
- 환불 가능(190 EUR 공제)

KRW 355,600

Economy Flex

- 전자 잡지
- 기내식
- 최대 23kg 가방 1개의 수하물
- 최대 8kg 가방 1개의 휴대 수하물
- 재예약 무료(운임 차액 부과 가능)
- 환불 무료

KRW 422,300

✦ 항공편 상세 보기

추가 수하물 수수료가 발생 할 수 있음   예약 좌석등급 표시

LH713	15:10 서울 - 인천 국제공항 (ICN), 터미널 1	운항사: Lufthansa	비행 시간: 11h 40min
좌석배치도	18:50 프랑크푸르트국제공항 (FRA), 터미널 1	Airbus A340-300	

출처: www.lufthansa.com

그림 1-6_ 루프트한자 독일 항공 웹사이트 내의 항공 운임 조회 화면

이나, 선호하는 서비스에 대한 승객의 데이터를 저장하여 새로운 예약 시 반영 및 추천 기능을 적용하며, 이를 통해 개별화된 맞춤 서비스를 제공하고자 한다.

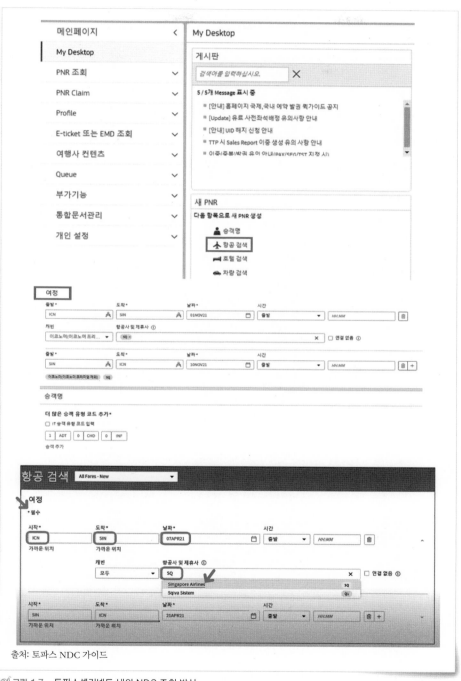

출처: 토파스 NDC 가이드

🐌 그림 1-7_ 토파스셀커넥트 내의 NDC 조회 방식

승객명

• 필수

더 많은 승객 유형 코드 추가*   서비스
☐ IT 승객 유형 코드 입력   ☐ 수하물 포함

| 1 | ADT | 0 | CHD | 0 | INF | 승객 추가 |

운임 및 수수료 KRW 공시 판매

추가 옵션

◉ 없음 ○ 유동적인 날짜

🔍 검색

📋 예약 파일 1

⚠ NDC 결과는 일부 검색 옵션을 무시하거나 다르게 적용 할 수 있습니다.   ✕

필터   결과

42개 결과   42개 결과 중 1-25 표시

가격 (KRW) ∨   524,100.00 KRW   PTC ADT   NDC
가격 유형 ∨   정의되지 않은 운임
수하물 중량제한 ∨   운임 상세정보 ∨
항공편 시간 ∨   ⚠ 제안이 29분 후 만료됩니다.
연결편 수 ∨
연결 ∨   2021년 4월 7일   Singapore Airlines   서비스 표시
항공사 ∨   ICN AM 9:00 → SIN PM 2:20
공항 ∨   ⏱ 6:20 연결 없음
비행 시간 ∨
                    2021년 4월 21일   Singapore Airlines   서비스 표시
                    SIN AM 2:25 → ICN AM 9:50
                    ⏱ 6:25 연결 없음

                    업그레이드 표시   항공편 선택

NDC 예약 파일 - LEE TOPAS MR (1) - 07APR - SIN - 2132-2345

예약 파일 플래그 RLR

예약 파일 정보   ∧

예약파일 히스토리   예약 파일 지연   Queue

다음에서 수신(RF) 요청: 발권 정보 입력: TK OK09FEB21 삭제 추가 옵션

담당 에이전트: AASU   담당 Office SELK13800   발권 Office: SELK13800   주문 ID: SQ_SOFWQM
생성 09FEB21 AM 06:28 / 0023AA   마지막으로 저장 09FEB21 AM 06:31   예약번호: 2132-2345   항공사예약기록: SOFWQM
                                                    예약기록(RLOC): SOKPKZ

승객 상세정보   ∧

PNR Excel로 보내기   여행사연락처 복사

승객	PTC	연락처
1 LEE TOPAS MR (26MAY1980)	ADT	휴대전화(APM) 01021322345
		이메일(APE) TOPAS@TOPAS.NET

일반 연락처(예 : 보조자, 여행사)

출처: 토파스 NDC 가이드

🐚 그림 1-8_ 토파스셀커넥트 내의 NDC 조회 방식

GDS를 통하지 않고 항공사와 여행사를 직접 연결함으로써 GDS 사용료를 절감할 수 있는 장점이 있으나 항공사에서 항공권을 직접 발행하는 방식이 적용되므로, 한국 국적이 아닌 외국 항공사의 항공권 발권 시 전자 항공권의 형태는 각 항공사의 발행 양식에 따라 영어로 발행되게 된다.

GDS를 통한 항공권 발행 시 GDS에서 설정한 통일된 양식의 항공권 발행이 가능하나, NDC를 통한 항공권 발행은 각 항공사의 자체 양식에 따라 발행되게 된다.

핵심 학습 포인트

항공 산업은 빠른 속도로 성장하고 있으며, 이에 따라 자동화 시스템의 적극적인 도입과 개별 승객의 요구에 맞는 차별화된 서비스 제공이 중요하게 부각되고 있다. IT 기술의 발달로 공항 내뿐 아니라 공항 외부에서도 탑승 수속이 가능하게 되고, 승객이 원하는 상품과 서비스를 선택하여 예약을 할 수도 있다. 승객의 항공 예약 및 특별 서비스 요청 사항 등은 공항 수속 시스템과 연결되어 승객의 요청 사항이 수속 시 반영되게 되고, 공항 수속 시스템은 예약 시스템뿐 아니라 입국 심사, 보안, 수하물 처리 등의 다양한 시스템과도 연계되어 승객의 안전한 탑승을 진행한다.

Study Check

1. 다음 중 항공 예약 시스템의 기능이 아닌 것을 고르시오.

   ⓐ 시스템 사용자의 반복적인 작업을 최소화
   ⓑ 개인 정보를 통한 범죄 사실 유무 확인
   ⓒ 승객 정보 저장 및 활용 기능
   ⓓ 인터넷, 혹은 항공사 예약 부서를 통해 동일한 작업 가능

2. 다음 중 공항 수속 시스템의 기능이 아닌 것을 고르시오.

   ⓐ 승객의 탑승 수속
   ⓑ 승객 여정의 예약과 부가 서비스 예약
   ⓒ 항공기 검사에 필요한 정보 관리
   ⓓ 화물 적재 관리

3. 다음 중 항공 예약 작업 후 예약 기록 내에 저장되는 정보가 아닌 것을 고르시오.

   ⓐ 예약이 생성된 도시
   ⓑ 예약 변경 작업자
   ⓒ 예약 생성 날짜 및 시간
   ⓓ 예약 변경 작업자의 성별

4. 다음 중 NDC에 관한 내용이 아닌 것을 고르시오.

   ⓐ 항공권 독점 판매권의 확보
   ⓑ 승객 예약과 부가 서비스에 대한 개별화된 예약 진행
   ⓒ 항공사의 시스템 비용 절감 효과
   ⓓ 다양한 항공 운임 제공

5. 다음 중 공항 수속 및 탑승 절차에 대한 효율적인 방식을 제공하는 공항 운영 매뉴얼은?

  ⓐ IATA AHM 503
  ⓒ IATA Resolution 100
  ⓒ PACONF
  ⓓ PAC Resolution

6. 다음 중 DCS 시스템에서 확인할 수 없는 정보를 고르시오.

  ⓐ 수하물 기록
  ⓑ 출입국 금지 대상 승객
  ⓒ 입국 국가의 필요 문서
  ⓓ 승객의 현지 연락처

* 아래 토파스셀커넥트의 항공 예약 사항을 보고 질문에 답하시오. (7~8번)

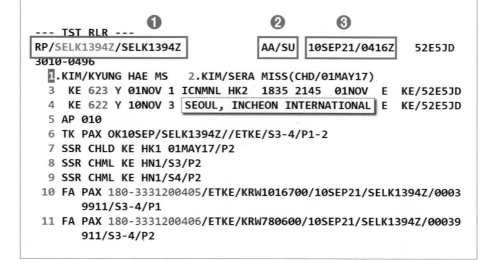

```
--- TST RLR ---                ❷        ❸
RP/SELK1394Z/SELK1394Z         AA/SU   10SEP21/0416Z   52E5JD
3010-0496
  1.KIM/KYUNG HAE MS    2.KIM/SERA MISS(CHD/01MAY17)
  3  KE 623 Y 01NOV 1 ICNMNL HK2  1835 2145  01NOV  E  KE/52E5JD
  4  KE 622 Y 10NOV 3 SEOUL, INCHEON INTERNATIONAL E  KE/52E5JD
  5 AP 010
  6 TK PAX OK10SEP/SELK1394Z//ETKE/S3-4/P1-2
  7 SSR CHLD KE HK1 01MAY17/P2
  8 SSR CHML KE HN1/S3/P2
  9 SSR CHML KE HN1/S4/P2
 10 FA PAX 180-3331200405/ETKE/KRW1016700/10SEP21/SELK1394Z/0003
       9911/S3-4/P1
 11 FA PAX 180-3331200406/ETKE/KRW780600/10SEP21/SELK1394Z/00039
       911/S3-4/P2
```

Study Check

7. 위 예약이 생성되거나 변경된 날짜는 2021년 9월 10일이다.

    ⓐ True

    ⓑ False

8. 위 예약의 생성 및 변경 작업자는 SELK1394Z이다.

    ⓐ True

    ⓑ False

9. DCS는 GDS 및 화물 시스템 등과 같이 여러 다양한 시스템과 상호작용한다.

    ⓐ True

    ⓑ False

10. NDC는 GDS의 상위 버전이며 항공사에서 사용 시 예약 사용비가 많이 든다.

    ⓐ True

    ⓑ False

정답: 1.ⓑ 2.ⓑ 3.ⓓ 4.ⓐ 5.ⓐ 6.ⓓ 7.ⓐ 8.ⓑ 9.ⓐ 10.ⓑ

DCS
공항 수속 서비스
개론

공항 수속 시스템
The Departure Control System

🎯 **학습 내용**

- 공항 수속 시스템의 탑승 수속 절차
- 수동 수속 절차에 대한 이해
- 항공기 중량 배분 업무
- 수하물 일치
- 연결편 수속 업무

DCS
Introduction to Airport Check-in Services

공항에서의 PGSA의 업무는 승객에게 편리한 수속 서비스를 제공함과 동시에 확인하여야 하는 여러 가지 서류 및 규정들이 있다. 수속 시스템을 통하여 확인해야 하는 내용들과 필요 서류의 규정을 정확히 확인하여 승객이 안전하고 편안하게 여행할 수 있도록 PGSA는 업무에 대한 전문적인 지식을 가지고 있어야 한다.

공항 수속 시 진행되는 업무 절차 및 주요 업무에 대하여 자세히 살펴보고, DCS의 기능을 살펴보기로 하자.

1. 탑승 수속 절차 Check-In and Boarding Process ✈

DCS가 수행하는 기능은 매우 다양하며, 주요 기능은 아래와 같이 4가지로 나누어 볼 수 있다.

- 탑승 수속 Check-in
- 탑승 진행 Boarding

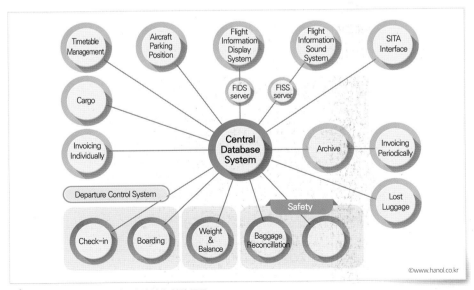

◈ 그림 2-1_ DCS와 공항 시스템의 상호 연결 구도

- 중량 배분 Weight and Balance
- 수하물 일치 Baggage Reconciliation

DCS는 위와 같은 기능을 탑재하고 있으며, 또한 공항 시스템과의 다양한 다른 기능들과도 상호 연계되어 승객에게 안전하고 효율적인 서비스를 제공하고 있다.

① 탑승 수속 Check-In

항공편은 일반적으로 출발 24시간 전에 DCS에서 생성되며, 예약 사항에 기록된 모든 승객 이름, 좌석 요청 및 특별 서비스 요청은 예약 시스템에서 수속 시스템 DCS로 전송된다.

탑승 수속의 주요 목적은 항공사에서 선택한 항공편에 탑승할 승객과 수하물을 확인하여 운송 승인을 진행하는 것이다.

승객이 직접 탑승 수속하는 '셀프 체크인'이 도입됨에 따라 공항에 도착하는 승객은 이제 CUSS(Common User Self-Service) 시스템 또는 키오스크를 사용하여 체크인을 하게 되며, 셀프 체크인은 아래와 같은 과정으로 진행된다.

① 탑승객 여권 요청 및 확인
② 항공 예약 번호 및 여정 확인
③ 탑승객의 좌석 배정
④ 특별 기내식 요청 사항 확인
⑤ 보안 확인(위험 수하물의 소지 여부)
⑥ 위탁 수하물 처리, 신용카드 지불을 통한 수하물 요금 징수
⑦ 탑승권 출력
⑧ 위탁 수하물 태그 인쇄(시스템 기능 및 항공사 절차에 따라 다름)

이 경우 PGSA의 역할은, CUSS 사용에 어려움이 있거나 익숙하지 않은 승객을 돕는 것이며, 이러한 진행 과정은 DCS에 기록되고, PGSA는 이를 컨트롤할 수 있어야 한다.

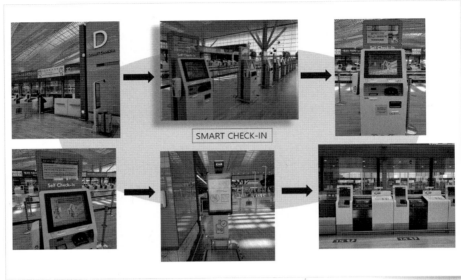

🖋️ 그림 2-2_ 인천국제공항 제2터미널 Smart Check-in & Self-Bag Drop

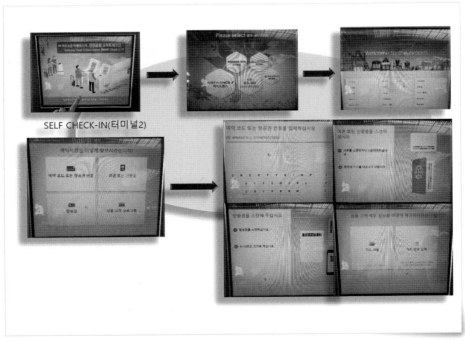

🖋️ 그림 2-3_ 키오스크 내 예약 확인을 통한 탑승 수속과 좌석 배정 화면

🌀 그림 2-4_ 영국항공 종이 탑승권

 승객의 시간을 절약하고 대기하는 시간을 줄이며 인프라를 더 잘 활용하기 위해 새로운 기술이 지속적으로 도입되고 있다. 컴퓨터나 노트북에서 온라인으로 체크인 하는 것 외에도 휴대전화로도 체크인이 가능하게 되었으며, 이메일이나 SNS를 통해 탑승권이 전송된다.

 일부 항공사는 웹사이트를 통한 자동 체크인을 제공하기도 하는데, 이는 출발 24시간 전에 이루어지며 승객에게 자동으로 전자 탑승권이 전송된다.

🌀 그림 2-5_ 모바일 탑승권의 예

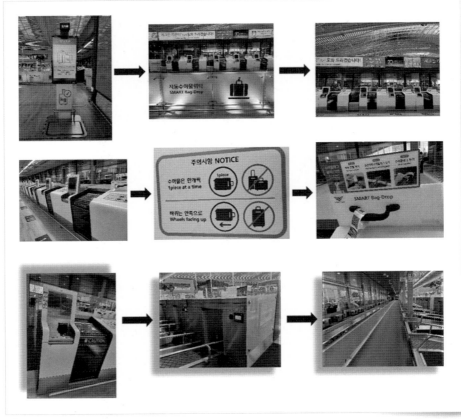

🐚 그림 2-6_ 인천국제공항 제2터미널 내 자동 수하물 위탁

🌐 CUSS(Common User Self-Service)의 부가적 기능

CUSS에서 수하물 태그가 인쇄되지 않은 경우, 탑승권을 소지한 승객이 체크인 카운터로 이동하여 수하물을 위탁하고, 항공 지상 근무자는 수하물 태그를 출력하여 승객의 수하물에 부착 후 수하물을 부친다.

CUSS에서 수하물 태그도 인쇄 가능한 경우, 승객은 수하물 태그를 위탁 수하물에 부착하고 공항의 지정된 위치에 수하물을 위탁한다.

이렇게 완료된 수속 과정은 DCS에 등록되고, PGSA는 이를 통제할 수 있어야 한다.

Basic Check-In Entry (an example from the AMADEUS System)

• Single passenger entry - Mr. Green

GREE1M4/40BBB@A   MR. Green/4 bags with 40kgs

GREE	Name (needs only to be 4 characters)
1M	Number of passengers and gender (One Male)
	(Female = F, Child = C, Infant = I)
BBB	Destination (can be optional on one sector flights)
@	Separator.
A	Seat descriptions (Aisle)

❶ GREE-이름 첫 4글자
❷ 1M-1명/남자승객(M)
  여자승객의 경우 F, 소아의 경우 I를 적용한다.
❸ 4/40-수하물 4개, 40KG
❹ BBB-목적지 도시 코드
❺ @-구분지시어
❻ A-좌석표기(A-복도)

🍃 그림 2-7_ 아마데우스 시스템을 통한 수속 지시어

많은 공항에서 셀프 수하물 위탁 카운터를 운영하고 있으며, 승객이 전자 탑승권의 바코드를 먼저 스캔하면 항공편 세부 정보가 화면에 나타난다. 체크인하려는 수하물 수를 체크하고 보안 질문에 답을 하고 나면 수하물 태그가 출력된다.

❷ 탑승 승인

수속 시스템은 사용자의 목적에 맞게 항공편, 탑승 클래스 및 목적지별로 각 체크인에 대한 목록을 생성하여 제공할 수 있다. 또한 우선적으로 서비스를 제공해야 하

출처: www.tyrolean-airways-austrian.com

🌀 그림 2-8_ 수하물 셀프서비스 카운터

는 승객에 대해 빠른 서비스를 수행할 수 있도록 확인이 가능하며, 허용된 승객을 무게 범주별로, 수하물을 무게(Weight) 또는 개수(Piece) 범주별로 각각 계산할 수 있다.

승객의 탑승을 승인하기 위해서는 입국 국가의 조건에 맞는 여권 및 비자에 대한 확인과 승객이 요청한 부가 서비스 및 수하물을 확인하고 승객의 요구와 예약이 일치하게 진행되었는지 확인한다. 프리미엄 클래스 탑승 승객의 우선 서비스와 장애를 가지거나 아이를 동반한 승객의 탑승 우선 서비스도 사전에 미리 준비하여야 하며, 수속 시스템은 승객 리스트를 필요한 목적에 따라 분류하여 PGSA가 효과적인 서비스를 준비할 수 있도록 도와준다.

❸ 좌석 배정

DCS는 체크인 과정에서 승객이 예약한 서비스 클래스(Cabin Class), 즉 객실 구역별로 좌석을 자동으로 지정할 수 있다. PGSA의 화면에서 전체 좌석에 대한 내용은 다음 그림과 같이 표시된다.

DCS 사용자 모드를 통하여 PGSA는 비상구, 갤리, 화장실, 좌석의 열과 구조 등의 위치를 한 눈에 볼 수 있기 때문에 좌석 선택 시 승객이 선호하는 좌석을 쉽게 승객에게 안내하고 지정할 수 있다. 승객에게 좌석을 지정하고 탑승권이 인쇄되면 지정된 좌석의 색상이 아래와 같이 변경되고 사용 가능한 좌석 목록에서 삭제되어 다음 승객 수속 시 중복하여 지정되지 않도록 설정된다.

PGSA는 공항이나 항공사마다 사용되는 다양한 시스템을 이용하여 수속 진행이 가능하며, 이 과정이 완료되면 탑승권과 수하물 태그가 발급되고 승객은 탑승 게이트로 이동할 수 있다. 현재 인천국제공항은 국내에서 개발한 AirCUS 수속 시스템의 도입으로 보다 정확하고 효율적인 업무를 진행하고 있으며, 일부 항공사들은 자체 수속 시스템을 사용하기도 한다.

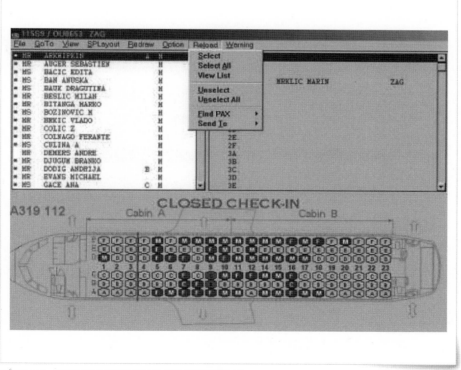

그림 2-9_ 항공사 DCS 사용자 모드 중 좌석 배열 화면의 예

4 탑승권과 수하물

수속 절차의 목적은 체크인한 승객 수와 수하물을 일치시키고 승객의 여행을 승인
하는 것이다. 수속을 완료한 승객이 보딩패스를 가지고 탑승구에 도착하면 항공 지

Entry: @Q (AMADEUS System의 예시): 탑승하지 않은 승객의 수 표기

Response:

```
0A0101 01JAN AAA BBB 1015 PW FO
TOTAL C/I PROVISIONAL       BOARDED YET TO BOARD
JOINING PAX 34 0 0 34
INFANTS 1 0 0 1
```

Entry: @Q/F (AMADEUS System의 예시): 탑승하지 않은 승객의 이름 표기

Response:

```
0A0101 01JAN AAA BBB 1015 PW FO
TOTAL C/I PROVISIONAL       BOARDED YET TO BOARD
JOINING PAX 34 0 30 4        총 34명 중 30명 수속/4명 미수속
INFANTS 1 0 1 0
BBB J
1. ADAMSON BBB J* 2A - M 1/10 SA 026    비즈니스 미수속 승객
BBB Y
2. BUCHAN BBB Y* B 218C - M 3/50 HOP 0015 TS 010
3. BUCHAN BBB Y* B 218B - F PLD 0015 TS 011    이코노미 미수속 승객
4. VIJAY BBB Y* 10A - M 2/23 DS 012
```

🐚 그림 2-10_ 항공사 DCS 내의 사용자 화면의 예

상 직원이 탑승 정보와 수속 정보가 일치하는지 확인하여 승객이 해당 항공기를 탑승하여 여행할 수 있는지의 여부를 확인하는 작업이다.

탑승 게이트에서 PGSA는 보딩패스의 바코드를 스캔하며, 탑승하는 항공편과 날짜가 일치하여 탑승 가능한지의 여부를 판단할 수 있다. 또한, 탑승 클래스 및 목적지별로 이름을 정렬하거나 통계화하여 탑승 인원과 수속 기록이 일치하는지 확인한다.

만일 승객이 다른 항공편의 보딩패스를 제시하고 탑승을 시도하면 탑승 카드 리더기가 짧은 알람을 울리고 오류를 나타내는 경고가 화면에 나타나게 된다. PGSA는 승객이 탑승해야 하는 항공편을 식별하여 승객에게 알려준다.

보딩패스가 접히거나 손상되어 마그네틱 부분을 카드 리더기가 읽을 수 없는 경우에는 항공 지상 근무자가 수동으로 승객 탑승을 진행할 수 있다.

출처: www.kaba.com

🐌 그림 2-11_ 셀프 탑승 게이트

초대형 항공기의 경우, 혹은 항공편의 빠른 탑승을 돕기 위해 둘 이상의 탑승 카드 리더기와 게이트 모니터를 동시에 사용하여 항공편 탑승 수속을 진행하는 것도 가능하다.

수속 시스템은 지시어를 통하여 수속 완료 승객의 수와 탑승객의 수, 탑승해야 하는 승객의 수를 표시한다.

이러한 수동 방식의 수속 진행은 탑승 게이트 리더기와 바코드 스캔을 통하여 대체되었다.

셀프 탑승 시스템(Quick Boarding)은 DCS에 연결되어 승객이 보딩패스의 바코드를 스캔하면 자동문이 열리고 탑승을 위해 승객은 항공기 기내로 이동할 수 있게 된다. 각 승객이 탑승한 후 탑승 데이터는 자동으로 탑승 게이트에서 수속 시스템으로 다시 전송된다.

⑤ 수속 마감 Close-Out

DCS는 자동 또는 수동 방식으로 수속 마감을 진행할 수 있다.
단계별 수속 마감 절차는 다음과 같다.

❶ **수속 진행 시 카운터 마감 전에 * 제한된 좌석을 지정할 수 있게 허용**

　　✿ 제한된 좌석: 비상구 좌석, 유료 좌석, 아기 바구니 설치 좌석, 거리 두기를 통한 중간 좌석 제한 등
　　의 이유로 수속 마감 전까지 사전 요청 없이 무료 서비스로 제공되지 않는 좌석. 항공 예약 시 특별
　　서비스로 반드시 사전 요청하여야 하며, 유료 혹은 무료 서비스로 진행된다. 승객의 사전 요청이 없
　　을 경우 카운터 마감 전에 일반 승객에게 무료로 제공되기도 한다.

❷ **탑승 대기 승객**(*Standby Passenger) **입력**

　　✿ Standby Passenger: 항공기 좌석이 만석일 경우 공항에서 대기하는 동안 예약 부도 승객이 발생
　　할 시 항공기에 탑승하고자 하는 승객

❸ **승객 탑승 최종 마감**

　　모든 예약 승객 및 대기 승객의 탑승 승인을 완료한다.

대기 승객이 허용이 되지 않는 경우 자동으로 오프로드(*Offload: 승객 명단 삭제)하고 필요에 따라 승객을 업그레이드(*Upgrade: 좌석 승급) 또는 다운그레이드(*Downgrade: 좌석 하향)할 수 있으며, 탑승 클래스, 목적지 및 탑승 우선 순위별로 승객을 정렬할 수 있다.

6 정보 조회 및 출력

PGSA는 DCS 체크인 화면에서 예상 출발 시간(ETD: Estimated Departure), 회항, 탑승 게이트 번호 등과 같은 중요한 비행 정보를 확인할 수 있다. 또한 DCS를 통하여 기 내식이나 기내 면세 서비스 등과 같은 기내 서비스를 확인할 수 있으며, 수속 마감 시 승객 명단과 전 좌석의 수속 정보를 인쇄할 수 있는 기능도 있다.

특정 승객에 대한 추가 정보 및 서비스 내용을 탑승 게이트로 보낼 수도 있으며, 휴대 수하물이 기내 요구 사항을 충족하는지도 확인이 가능하다.

탑승 절차가 완료되면 PGSA는 중량 배분과 수속을 관할하는 팀에 항공기 탑승이 완료됨을 알리기 위해 '탑승 완료' 항목을 활성화하고, PGSA는 Load Control(하중제어) 담당자와 연락해야 한다.

2. 수동 수속 절차

계획되거나 혹은 예기치 못한 시스템 중단 상황에서 PGSA는 감독자의 지시에 따라 수동 체크인 및 탑승을 완료하도록 전환해야 한다. 대부분의 항공사는 담당 직원이 이러한 절차를 연습할 수 있도록 몇몇 항공편에 대해 정기적으로 수동 체크인을 계획하여 진행한다. 이 수동 수속 과정 중 전반에 걸쳐 체크인 및 탑승 지점의 PGSA는 정해진 지침을 따라야 하며 감독자 및 탑승 담당 직원과 긴밀하게 협력해야 한다.

해당 항공편의 감독자와 탑승 담당 직원이 수행해야 하는 업무 절차는 다음과 같다.

- 수속 진행하는 항공편과 탑승객 수를 확인한다.
- 모든 관련 부서(항공사 담당자, 운영 통제 센터, 항공기 운영팀, 수하물 통제, 경찰, 이민국, 환승 데스크 및 Load Control)에 연락망을 유지한다
- 항공편 수, 탑승 인원, 승객 서비스, 수하물 양에 따라 필요한 직원 및 서비스를 제공한다.
- 모든 직원을 대상으로 업무 브리핑을 실시하고 업무 계획을 설명한다.
- 각 항공편에 대해 한 명의 카운터 감독자(Duty Manager)를 위임한다.
- 상황을 모니터링하고 통제하며 항공편이 정시에 마감되도록 한다.
- 수동 탑승권, 수동 수하물 태그, 승객 리스트, PNL(Passenger Name List, 승객 이름 목록), PTM(Passenger Transfer Message, 승객 환승 목록), 추가 수하물 보고서, 마감 보고서를 준비한다.
- 사전에 지정된 좌석은 별도 표기한다.
- 연결편이 있는 환승 승객의 경우 탑승한 좌석을 'T'(Transfer)로 표시한다.
- 항공기 좌석 배열에 따라 탑승권을 준비한 후, 탑승 카드의 양쪽 부분에 항공편 번호, 날짜, 목적지 및 항공권 번호를 기재한다.
- 모든 수속 지점(체크인 데스크, 환승 데스크 등)에서 탑승권을 배포하고 할당된 탑승권 번호를 기록해 둔다.
- 승객 목록을 수속 담당 직원에게 배포하여 필요한 정보를 기록한다.
- 진행 상황을 해당 항공사 직원에게 지속적으로 공유한다.
- 수속 완료한 승객 및 총 탑승객 수를 최소한 항공기 출발 45분 전까지 수하물 분리 구역에 보고해야 하며, 장거리 비행의 경우 출발 60분 전까지 해야 한다.
- 탑승구에 승객 목록과 좌석 배치도 및 좌석 지정 상황을 보내고 혹시 모를 대기 승객의 경우를 대비하여 지정되지 않은 좌석이 있는 좌석 배치도를 확인할 수 있도록 준비한다.
- 최종 승객 수, 총 수하물 개수/무게를 탑승 게이트 및 수하물 관리 부서에 알려준다.

❶ 수속 데스크 담당자의 업무

PGSA는 수동 탑승 수속을 진행할 경우 다음과 같은 업무를 수행해야 한다.

- PNL(Passenger Name List)의 승객 목록과 승객의 예약 목록이 일치하는지 재확인 한다.
- 승객 명단에 실제 위탁 수하물의 개수와 무게를 기재한다.
- 환승 승객 목록(PTM; Passenger Transfer Message) 작성 시 효율적인 업무 처리를 위하여 PTM 시트에 다음 연결 항공편 세부 정보를 기록한다.
- 승객 목록에 추가 정보(FQTV; Frequent Traveler 마일리지 회원, WCHR; Wheelchair Service 휠체어 서비스 요청, UM; Unaccompanied Minor 비동반 소아, Special Meal Request 특별 기내식 등)를 기록한다.
- 필요시 APIS(Advanced Passenger Information System: 여권 정보 및 생년월일, 목적지 체류 주소 등의 사전 승객 정보) 정보를 기록한다.
- 탑승권을 승객에게 전달한다.
- 초과 수하물이 있는 경우 탑승권을 승객에게 전달하기 전에 초과 수하물 요금을 징수한다.
- 승급 자격이 있는 승객의 경우 탑승권의 왼쪽 상단 모서리와 승객 명단에 승급 가능성이 있음을 표기한다.
- 사용하지 않은 모든 보딩패스는 보안이 유지되어야 하며 승객 명단과 일치해야 한다.
- 승객의 탑승을 강제 하기해야 할 경우는 Duty Manager와 협력하여 수행해야 한다.
- 사용하지 않은 탑승권은 번호 순으로 Duty Manager에게 전달한다.

2 탑승 게이트 담당 직원의 업무

- 수동 탑승 진행 시 필요한 장비(Scoring Sheet, 수하물 태그 등)를 준비한다.
- 항공기 탑승 마감을 위해 항공기/승객/수속 담당자와 최종 마감 기록(LMC; Last-Minute Changes 포함)에 대해 상호 공유 및 협력한다.
- 첫 번째 및 마지막 체크인 일련번호와 offload 승객이 발생할 경우 탑승권 번호를 확인한다.
- 탑승권에 승급 표시가 있는 승객은 Duty Manager의 승인을 받을 때까지 좌석에 앉아 있어야 하며 Duty Manager의 지시에 따라 후속 조치를 취한다.
- 승객이 사라진 경우, Duty Manager에게 수하물 세부 정보를 확인하고 그에 따라 조치를 취한다.
- 프리미엄 및 이코노미 클래스에 대해 서비스 클래스별로 각각 승객 목록을 구분한다.
- 총 체크인 인원과 탑승 인원이 일치해야 탑승 완료로 선언한다.

> **핵심 학습 포인트**
>
> 계획되거나 혹은 예기치 못한 시스템 중단이 발생한 경우 수동으로 탑승 수속을 진행하는 방법과 PGSA, Duty Manager 및 탑승 통제 직원이 수행해야 하는 작업에 대하여 단계별로 업무를 수행해야 한다. PGSA는 다른 근무자들 및 Duty Manager와 긴밀한 협조를 통하여 승객에게 올바른 서비스 제공 및 편리한 탑승 방식을 수행하며, 승객 명단 및 탑승권에 대한 기록을 하여야 한다.

3. 중량 배분 Weight and Balance

중량 배분은 Load Control이라고도 하며 항공기 운항 시 중요한 업무 중 하나이다. 이는 지상 업무를 담당하는 근무자의 주요 역할이며 이 업무를 수행하는 사람을 'Flight Coordinator' 또는 'Liner'라고 한다. 담당자는 운항하는 항공기 기종에 따라 교육을 받으며, 항공기 수속 진행 업무 중 하중 제어(Load Control)의 주요 기능은 탑승한 승객의 수와 승객의 수하물/화물/우편물의 수치를 기록하는 적재 목록(Load Manifest), 즉 중량에 대한 자료를 제공하는 것이다.

이 자료를 통하여 항공기의 무게 중심이 균형을 제한할 수 있는 범위 내에 있고 최대 항공기 중량이 준수되었는지 확인할 수 있다. 적재 및 균형 유지 지침, 승객 탑승 및 화물 탑재 시트를 포함하여 중량 및 항공기 균형을 조절하는 부서에서 담당하는 중요한 문서들이 많다.

항공기 출발 전에 PGSA는 중량 배분 담당자에게 규정을 제공하며, DCS 시스템은 자동으로 예약된 승객 수와 항공기 정보를 적용하여 PGSA가 항공기 균형을 계획할 수 있도록 한다. DCS는 램프 체크리스트, 입국 항공기에 대한 하역 정보 및 출발 항공편에 대한 탑승 지침을 작성하며, 이를 통해 램프 직원이 담당 업무 진행 시 하나의 문서를 통해 항공기 균형 및 탑승 계획을 이해할 수 있도록 한다. 항공기의

🍃 그림 2-12_ 인천국제공항 Ramp

무게 중심은 항공기 운항의 안정성에 매우 큰 영향을 주며 적절한 무게 중심을 통하여 연료의 효율성이나 순항 속도 등에 긍정적인 결과를 가져올 수 있다.

 램프 체크리스트는 항공기 등록, 예상 도착/출발 시간, 목적지, 항공기 운영 담당자, 항공기 기종 및 탑승 승무원 정보를 포함한다. 연료 주입 시 소요되는 시간, 항공기 청소 및 케이터링 등 채워야 할 수많은 항목이 포함되어 있다. 체크리스트에는 항공기 출발 속도를 늦출 수 있는 입국 승객(예 휠체어 승객 혹은 특별한 서비스를 필요로 하는 승객 / 환자용 침대 사용 승객)에 관한 정보도 포함되어 있다. 이러한 정보는 항공기 출발 전 시스템 내에 모두 기록되며 정보 저장 및 더 나은 서비스를 위하여 컴퓨터에 기록된다.

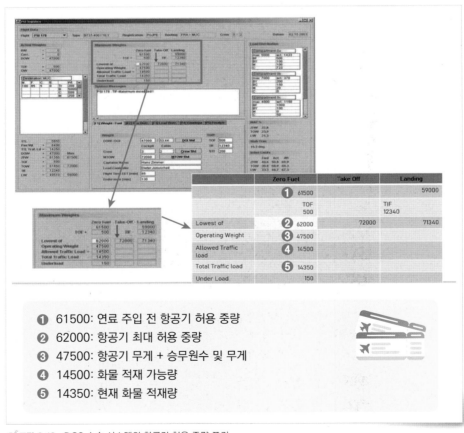

	Zero Fuel	Take Off	Landing
❶	61500		59000
	TOF 500		TIF 12340
Lowest of ❷	62000	72000	71340
Operating Weight ❸	47500		
Allowed Traffic load ❹	14500		
Total Traffic load ❺	14350		
Under Load	150		

❶ 61500: 연료 주입 전 항공기 허용 중량
❷ 62000: 항공기 최대 허용 중량
❸ 47500: 항공기 무게 + 승무원수 및 무게
❹ 14500: 화물 적재 가능량
❺ 14350: 현재 화물 적재량

 그림 2-13_ DCS 수속 시스템의 항공기 허용 중량 표기

체크인 및 탑승 절차가 완료되면 PGSA는 중량 및 균형 부서에 통보한다. 업그레이드된 시스템 내에서는 수속 및 무게와 균형 통제의 모든 단계가 하나의 시스템 내에서 제어되어 사용자가 쉽게 확인할 수 있도록 운영된다.

PGSA는 연료 수치를 입력하고, 승객 및 수하물 기록을 받아 얼마나, 그리고 어느 위치에 있는지에 대한 결과 값을 계산할 수 있다.

이 단계에서 PGSA는 항공기 운항 시 모든 무게와 균형이 규정된 범위 내에 있는지 확인할 수 있으며, 〈그림 2-14〉와 같이 DCS에서 무게 중심이 위치할 범위를 다이어그램 형태로 표시하며 항공기가 운항할 때 가장 이상적이고 효율적인 배분을 제시하기도 한다.

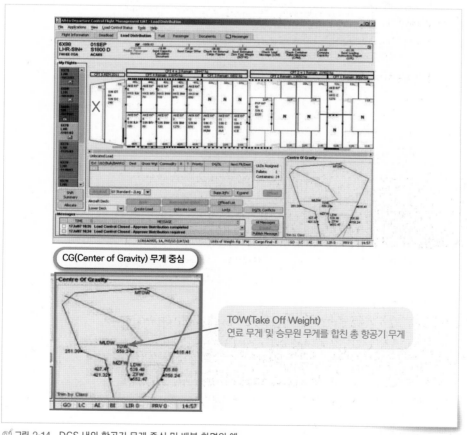

그림 2-14_ DCS 내의 항공기 무게 중심 및 배분 화면의 예

PGSA는 항공기의 무게와 균형의 조건이 충족되면 적재 및 무게 중심에 대한 자세한 데이터를 확인할 수 있으며, 잘못된 적재가 발생하지 않도록 초기 단계에서 중량 또는 균형에 문제가 있는지 여부를 시스템 사용자에게 알려준다.

항공기 출발 준비가 완료되면, 항공사 직원은 운항 승무원에게 중량 배분 기록을 전달하여 항공기 운항의 안정성을 확인하게 되며, 출발 직전의 승객 하기나 화물 적재의 변수에 따라 새로운 중량 배분을 계산하게 되는 경우도 있다. 특히 화물의 적재는 항공기 무게 중심에 큰 영향을 미치므로, 안전한 적재량과 무게 중심은 안전한 운항과 직결된다고 볼 수 있다.

4. 수하물 확인

수하물 일치는 PGSA가 수행해야 하는 중요한 업무 중 하나이다. PSCRM(Passenger Standards Conference Manual) 권장 관행 1739에 따라 ICAO 부록 17, 제4장에 업무 영역에 대한 자세한 규정이 명시되어 있다.

> ICAO Annex 17, Chapter 4, Section 4.5.3
> Each Contracting State shall ensure that commercial air transport operators do not transport the baggage of persons who are not on board the aircraft unless that baggage is identified as unaccompanied and subjected to appropriate screening.

수하물 일치의 목적은 탑승하지 않은 승객의 수하물이 탑재된 항공기의 이륙을 방지하기 위해서이며, 즉 항공기가 승객이 소지하지 않는 가방을 가지고 이륙하는 것을 방지하는 것이다. 보안상 반드시 필요한 절차이며 수하물 확인 규정은 모든 승객에게 동일하게 적용된다.

승객과 수하물의 일치는 수동 및 자동 방식 모두 수행 가능하며, 수하물은 승객이

탑승한 후 탑재되거나 혹은 항공기 출발 전 수하물의 탑재 기록이 완료되었을 때만 탑재가 가능하다.

승객의 기록이 없는 수하물은 어떠한 경우도 탑재되지 않으며, 이러한 상황이 발생될 경우 바로 항공기에서 하기 처리된다.(Off-loaded: 표기 방식 OFFL)

수하물 일치에 대한 규정 및 업무 절차는 PSCRM의 부록에 자세하게 설명되어 있다.

DCS 시스템은 수속 및 중량 배분과 같이 수하물 일치 시스템과도 연결되어 있어 PGSA가 각 상황에 대한 업무 이해와 절차를 진행할 수 있도록 자동화되어 있다.

수하물 일치 시스템은 승객과 수하물이 동일한 항공편에 있고 승객이 동반하지 않은 수하물은 운송되지 않도록 하기 위함이다. 이 시스템은 수하물을 수속 카운터에서 항공기로, 항공기에서 수하물 컨베이어 벨트로 안내한다.

상위 버전의 수하물 일치 시스템은 수하물 담당자가 바코드가 있는 수하물 태그를 스캔하고 특정 가방의 현재 위치를 실시간으로 확인할 수 있는 PDA(Personal Digital Assistant)를 사용한다.

수하물의 잘못된 분류를 최소화하기 위해 수하물 분류에 필요한 가방 식별 데이터를 수하물 분류 시스템에 제공하며, 항공편 체크인과 환승을 포함하여 항공기가 출발할 때까지 수하물을 추적하고 수하물의 탑재 및 하역을 모니터링하게 된다. 이를 통하여 수하물 관리자는 항공기에서 수하물 탑재와 하역 시 진행 상황을 모니터링하고 발생할 수 있는 병목 현상을 식별하고 필요에 따라 올바른 조치를 취할 수 있게 된다. 또한 PGSA가 수하물을 확인하고 손상된 수하물 식별 태그를 재발행하거나 수하물 탑재 목록을 인쇄할 수 있다.

각 항공기마다 시스템은 탑승한 승객에 대해 체크인 또는 환승 상태인 모든 수하물을 확인하게 되며, 승객과 수하물이 일치하지 않는 수하물 목록을 생성하여 승객이 비행기에 탑승하지 않은 경우 하기시켜야 하는 수하물을 식별할 수 있다.

수하물 일치 작업은 승객이 탑승하지 않을 경우, 승객의 수하물을 하기시켜야 하는 매우 중요한 보안 규정이다. 또한 무게와 균형을 위한 중량 배분 업무는 PGSA가 중량과 균형을 직접 수동으로 계산하지 않지만, 항공기의 세부 사항을 화물 탑재 담당자에게 제공할 수 있도록 정보 제공해야 한다.

PGSA의 가장 핵심이자 기본 기능인 승객의 체크인과 탑승 절차 업무는 실제 항공사나 공항이 승객과 수하물을 체크인하는 데 사용하는 시스템이 각각 다르므로 사용법에 대해 교육을 받아야 한다. PGSA는 DCS가 사용 불가할 경우 적용될 수동 체크인 및 탑승 절차에 대한 교육도 받아야 하며, 정시에 출발하고 안전한 비행을 위해 필요한 모든 정보가 기록되고 전달되도록 체크인 및 탑승구에서 따라야 하는 모든 서비스 단계뿐 아니라 수동 업무 절차 동안 관리자의 역할을 숙지하는 것도 매우 중요하다.

5. 연결편 수속

　DCS의 또 다른 기능은 자동 연결 수속(TCI; Through Check-In) 기능이다. 이 기능은 승객의 여정이 최종 목적지까지 항공편을 환승하여 여행하는 경우 출발 항공편과 다음 항공편을 모두 수속하고 탑승권을 받을 수 있는 기능으로, 승객이 경유지에 도착 시, 연결편의 탑승권과 수하물 태그를 이미 소지하고 있다면 다음 연결 항공편으로 바로 환승할 수 있다. 연결 항공편은 동일 항공사 간이거나 다른 항공사로 연결할 경우 항공사 간의 자동 연결 수속의 계약이 되어있을 때에만 TCI 서비스가 제공된다.

❶ Online Transfer: 동일한 항공사로 환승할 경우
❷ Interline Transfer: 다른 항공사로 환승할 경우

Study Check

1. 다음 중 수속 마감의 단계별 업무 내용이 아닌 것을 고르시오.

   ⓐ 좌석 지정이 불가하게 막아둔 좌석을 개방시킨다.
   ⓑ 탑승 대기 승객이 있을 경우 탑승 진행한다.
   ⓒ 수속 마감 시간을 지킨다.
   ⓓ 탑승구 근처 좌석을 지정 불가하도록 설정한다.

2. 다음 중 중량 배분 업무 내용을 의미하는 용어를 고르시오.

   ⓐ Load Control   ⓑ Load Manifest
   ⓒ Load Sheet   ⓓ Balance Table

* 아래 수동 수속 진행 지시어를 보고 질문에 답하시오.(3~5번)

   아마데우스 시스템: AHME1F1/20BKK@A

3. 위 예제에서 승객의 타입(PTC: PASSENGER TYPE CODE)을 고르시오.

   ⓐ MALE   ⓑ FEMALE
   ⓒ CHILD   ⓓ INFANT

4. 위 예제에서 승객의 목적지가 어디인지 기술하시오.

   (   )

5. 위 예제에서 승객의 위탁 수하물 양을 확인 하시오.

   ⓐ 1개   ⓑ 40KG 4개
   ⓒ 20KG 1개   ⓓ 1KG 1개

6. DCS가 수행하는 주요 기능이 아닌 것을 고르시오

ⓐ 탑승 수속　　　　　　ⓑ 탑승 진행
ⓒ 중량 배분　　　　　　ⓓ 예약 확인

7. 중량 배분의 대상은 항공기에 적재한 화물의 무게와 위치만을 의미한다.

ⓐ True
ⓑ False

8. PGSA는 DCS를 통하여 승객의 특별 기내식 요청 여부를 확인할 수 있다.

ⓐ True
ⓑ False

9. 수하물 일치의 목적은 탑승하지 않은 승객의 수하물을 항공기에 탑재하여 이륙하는 것을 방지하는 것이다.

ⓐ True
ⓑ False

10. Standby 승객이란 항공기가 만석일 경우 공항에 대기하여 예약 부도 승객의 발생으로 인한 예약 취소가 생기면 탑승을 요청하는 승객이다.

ⓐ True
ⓑ False

정답 : 1.ⓓ　2.ⓐ　3.ⓑ　4.BKK(Bang Kok)　5.ⓒ　6.ⓓ　7.ⓑ　8.ⓐ　9.ⓐ　10.ⓐ

공용체크인 시스템

🎯 **학습 내용**

- 공용체크인 시스템이란?
- 공용체크인 플랫폼 이해
- AirCUS 기능 및 서비스
- 수속 시 사용되는 주요 장비

DCS
Introduction to Airport Check-in Services

공용체크인 시스템이란 공항에서 좌석배정이나 보딩패스 발행, 수하물 위탁 등과 같이 승객의 수속을 진행하는 일련의 탑승 과정을 처리하는 시스템이다.

AirCUS는 IATA가 차세대 국제 표준인 CUPPS(공용여객처리시스템, Common Use Passenger Processing Systems)를 제정하고 전 세계 공항과 항공사에 사용을 권고함에 따라 인천국제공항공사에서 개발을 완료하고 국제 표준 호환성 인증을 획득하여 현재 공항에서 운영 및 서비스 중인 공용여객 처리 시스템이다. 공항 내에서 승객의 수속 및 수하물 처리 시 반드시 필요한 시스템으로, 2019년 국제인증(CTE)을 받는 등 세계적으로 우수성과 안정성을 검증받았다.

이번 장에서는 공용체크인 시스템의 역할과 AirCUS의 기능 및 서비스에 대해 살펴보도록 하자.

> ☆ CUPPS: 여러 다양한 항공사 및 서비스 제공업체가 수속과 게이트 탑승을 동시, 혹은 연속하여 진행할 수 있도록 서비스 범위, 종류, 기준 등을 설정한 표준

1. 인천공항 공용체크인시스템

항공사별 DCS(Departure Control System)를 AirCUS에서 사용 가능하도록 인증 서비스를 제공하는 방식으로 현재 약 55개 항공사가 사용하고 있다. 서울역 도심공항터미널에도 도입이 결정되면서 공항 외부에서도 안정적인 수속 서비스 제공과 여객 편의를 도모하고자 하였다.

AirCUS 시스템의 첫 화면은 서비스 가능한 항공사와, 수속 진행을 위해 단말기의 ID를 입력하여, 수속을 진행하고자 하는 항공사를 선택하도록 구성되어있다.

PGSA는 수속 진행 시 연결되어 있는 장비, 즉 보딩패스나 수하물 태그를 출력하는 장비 등의 상태를 확인하고 해당 항공사를 클릭한다. 장비의 상태는 첫 화면 하단 부분에 색상으로 표기되며, 청색 표시일 경우 수속 진행이 원활하게 가능하다. 장비 상태에 표기되는 장비들은 다음과 같다.

출처: 인천국제공항공사 스마트서비스팀

🐌 그림 3-1_ AirCUS 수속 진행 시 첫 화면

장비는 수속이 완료된 후 다음 항공사의 수속을 시작할 때까지 sleep 모드로 머물러 있을 수 있으며, 새로운 수속을 시작하게 될 경우 리셋 버튼을 통하여 장비를 활성화시켜 주면 된다.

장비 상태를 모두 확인하고 수속 항공사를 클릭하게 되면 해당 항공사 사용자 메뉴로 넘어가게 된다. 사용자 메뉴에는 탑승 수속을 진행하기 위해 관련된 다양한 서비스 기능이 연결되어 있으며, PGSA는 이러한 메뉴에 대하여 모든 기능을 숙지하고 있어야 한다.

그림 3-2_ AirCUS 화면 중 장비 상태 표기 형태

- **PR**: 영수증 및 다른 관련 서류 프린터
- **OC**: 여권 리더기
- **BT**: 수하물 태그 프린터
- **BP**: 보딩패스 프린터
- **BC**: 바코드 리더기

AirCUS는 아래와 같이 메인 화면과 항공사 사용 메뉴로 제공되며, 가장 기본적으로 필요한 장비는 보딩패스 및 수하물 태그 프린터, PC, 여권 리더기, 항공사 문서 프린터 등이다. 수속 카운터와 탑승 게이트에 장비가 설치되어 있거나 이동식 카운터로 운영하기도 한다.

출처: 인천국제공항공사 스마트서비스팀

🌀 그림 3-3_ AirCUS 화면 구성과 관련 서비스 장비

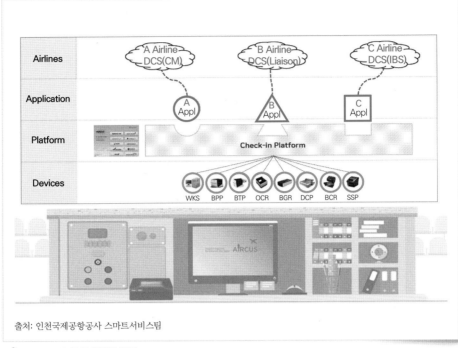

출처: 인천국제공항공사 스마트서비스팀

🐚 그림 3-4_ AirCUS 플랫폼 구조

2. 주요 장비 및 서비스 종류

탑승 수속을 진행하기 위해서는 기본적으로 필요한 장비들이 있다.

1 보딩패스 출력 프린터(BPP) 및 수하물 태그 프린터(BTP)

보딩패스 출력 프린터는 크게 독립형과 일체형으로 나눌 수 있는데, 독립형일 경우 탑승권과 수하물 태그의 출력을 하는 프린터가 나누어져 있으며, 일체형은 하나의 프린터를 통하여 탑승권과 수하물 태그 모두를 출력하게 되어 있다.

출처: 인천국제공항공사 스마트서비스팀

📡 그림 3-5_ 보딩패스 출력 장비의 종류

보딩패스 출력 장비에 용지를 장착하는 방법은 다음과 같다. 독립형과 일체형의 방식이 상이하므로, 장비의 유형에 따라 다음과 같이 보딩패스와 수하물 태그 용지를 삽입한다.

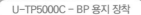

U-TP5000C – BP 용지 장착

❶ 프린터 열림 레버   ❷ 프린터 용지 삽입구에 용지 장착   ❸ 정상 삽입 시, 용지 자동 설정 진행

U-TP5000C – BP 용지 제거

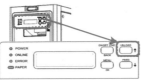 

❶ Unload(↑) Button을 길게(약 3초) 누릅니다.   ❷ 프린터를 열고 용지를 뒤로 당깁니다.

📎 그림 3-6_ 탑승권 프린터 용지 장착 및 제거 방법(독립형 프린터)

U-TP5000C – BT 용지 장착

❶ BP와 동일하게 프린터를 열고 용지 장착   ❷ 프린터 용지 삽입구에 용지 장착   ❸ 정상 장착 시, 용지 자동 설정 진행

U-TP5000C – BT 용지 제거

❶ Unload(↑) Button을 길게(약 3초) 누릅니다.   ❷ 프린터를 열고 용지를 뒤로 당깁니다.

📎 그림 3-7_ 수하물 프린터 용지 장착 및 제거 방법(독립형 프린터)

IER400 – BP 용지 장착

❶ 프린터 커버 개방 및 용지 삽입구 용지 삽입(측면) ❷ 프린터 용지 삽입구에 용지 삽입(위) ❸ 정상 삽입 시, 용지 자동 설정 진행

IER400 – BP 용지 제거

❶ Unload(↑) Button을 길게(약 3초) 누릅니다. ❷ 프린터를 열고 용지를 뒤로 당깁니다.

🐌 그림 3-8_ 탑승권 프린터 용지 장착 및 제거 방법(일체형 프린터)

❷ 여권 리더기(MRP: Machine Readable Passport)

여권 리더기는 다음과 같이 2가지 유형이 있으며 전원 스위치를 통한 연결 상태가 정상인지 반드시 확인하고 상태 표시 LED에 녹색으로 표시가 되는지를 확인한다. 최초 전원이 연결될 때에는 적색 LED가 점등되며 프로그램 연동 후 녹색으로 점등된다.

올바른 여권 판독을 위해서는 〈그림 3-10〉과 같이 진행한다.

여권 판독기(1) FASTPASS

전원 스위치
전원 커넥트
USB 확장 포트
PC 연결용 USB 포트

여권 판독기(2) UPR-300

a) 이미지 센서
b) 스캔부
c) 상태 표시 LED
d) 전원 스위치
e) 전원 케이블
f) USB 케이블

🐌 그림 3-9_ 여권 판독기의 종류 및 버튼 기능

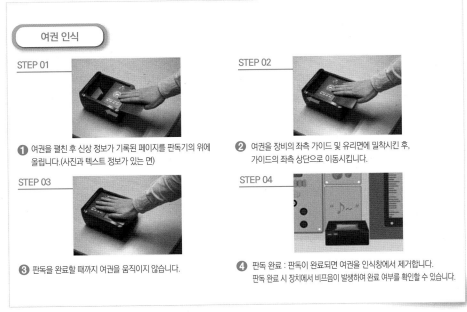

여권 인식

STEP 01

❶ 여권을 펼친 후 신상 정보가 기록된 페이지를 판독기의 위에 올립니다.(사진과 텍스트 정보가 있는 면)

STEP 02

❷ 여권을 장비의 좌측 가이드 및 유리면에 밀착시킨 후, 가이드의 좌측 상단으로 이동시킵니다.

STEP 03

❸ 판독을 완료할 때까지 여권을 움직이지 않습니다.

STEP 04

❹ 판독 완료 : 판독이 완료되면 여권을 인식창에서 제거합니다. 판독 완료 시 장치에서 비프음이 발생하여 완료 여부를 확인할 수 있습니다.

🐌 그림 3-10_ 여권 판독기 사용 방법

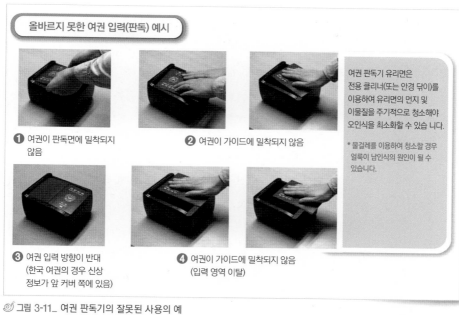

올바르지 못한 여권 입력(판독) 예시

① 여권이 판독면에 밀착되지 않음

② 여권이 가이드에 밀착되지 않음

③ 여권 입력 방향이 반대 (한국 여권의 경우 신상 정보가 앞 커버 쪽에 있음)

④ 여권이 가이드에 밀착되지 않음 (입력 영역 이탈)

여권 판독기 유리면은 전용 클리너(또는 안경 닦이)를 이용하여 유리면의 먼지 및 이물질을 주기적으로 청소해야 오인식을 최소화할 수 있습 니다.

* 물걸레를 이용하여 청소할 경우 얼룩이 남인식의 원인이 될 수 있습니다.

🐚 그림 3-11_ 여권 판독기의 잘못된 사용의 예

③ 기타 서류 출력 및 바코드리더기

도트 방식의 프린터

항공사 업무용 문서 프린터용

탑승 게이트 리더기

항공기 탑승권의 바코드 인식

바코드 리더기

GD 44300   LSR 120

🐚 그림 3-12_ 그 외 수속에 필요한 장비들

❶ 도큐멘트 프린터(DCP; Document Character Printer)

체크인 카운터나 탑승 게이트에서 항공사 문서나 영수증 등의 출력 시 사용

❷ 탑승 게이트 리더기(BGR; Boarding Gate Reader)

항공기 탑승권의 바코드를 인식하여 승객의 안전한 탑승을 신속하게 진행하는 데 사용

❸ 바코드 리더기(BCR; Barcode Reader)

보딩패스 등의 바코드를 인식하며, 인식 시 비프음과 함께 대상물의 표면에 녹색등이 표시

수속 및 탑승 진행 시 항공사 관련 서류들을 출력하는 경우가 생길 수 있으므로, 업무용 프린터가 필요하며, 탑승 게이트에서의 원활한 승객 탑승을 진행하기 위해 탑승권 리더기나 바코드 리더기가 필요하다.

3. AirCUS 부가 서비스

승객의 안전한 탑승과 원활한 승객 서비스를 위하여 수속 시 필요한 다양한 부가 서비스도 진행할 수 있다. 항공사 메뉴에 들어가서 수속을 진행하게 되면 추가로 확인해야 하는 서비스 메뉴들을 선택할 수 있으며, 이를 통해 수하물이나 승객의 자료를 수집하고 정보를 전달할 수 있다.

부가 서비스의 종류는 다음과 같이 다양하다.

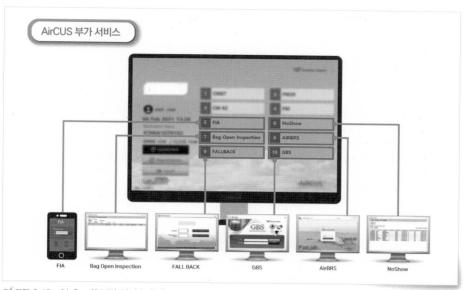

🍃 그림 3-13_ AirCus의 부가 서비스 화면

1 FIA: 카운터 안내 시스템 Flight Information Assistant

항공사에서 카운터 및 게이트 오픈, 승객 탑승, Final Call 등을 입력하여 카운터 및 게이트 상단 모니터에 안내 정보를 표시해준다.

2 **Bag Open Inspection:** 수하물 검색 조회 서비스

수하물 검색 대상 승객의 리스트 표기 및 완료 여부를 조회할 수 있는 서비스

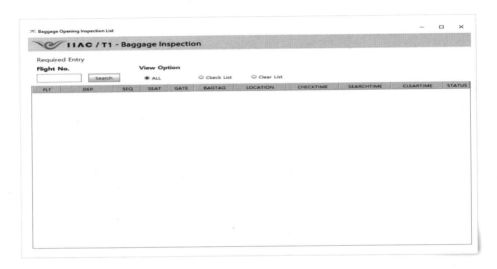

3 **Fall Back:** 수하물 태그 출력 서비스

수하물 태그 출력 불가 등 비상 상황 시 대체 수하물 태그를 출력할 수 있는 서비스

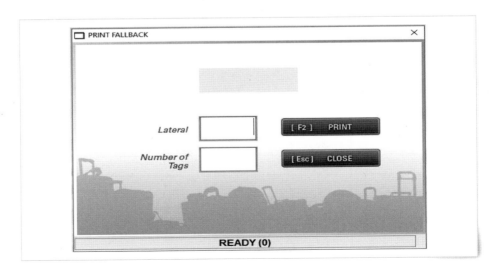

4 **GBS:** 게이트 방송 안내 시스템 Gate Broadcasting System

게이트에서 승객의 신속한 탑승 수속을 위해 안내 방송 송출을 지원하는 시스템

5 **AirBRS:** 위탁 수하물 항공기 탑재 확인 Airport Baggage Reconciliation System

출발 여객기의 위탁 수하물이 항공기에 탑재되었는지에 대한 여부를 확인하고 항

공사 및 지상 조업사 대상으로 위탁 수하물 조업 현황을 모니터링할 수 있도록 서비스를 제공

6 Noshow

탑승하지 않은 승객의 출국장 통과 정보를 조회하는 서비스

7 TIMATIC: IATA 여행 정보 조회 시스템(외부 연계 서비스)

항공사에서 승객 대상으로 도착지의 필요한 규정들을 확인하는 시스템

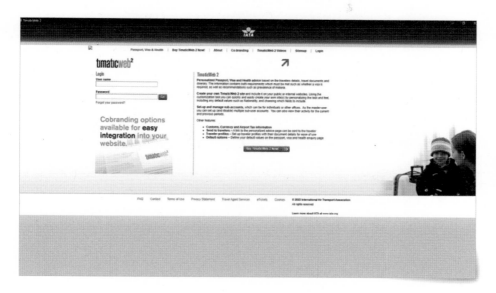

8 World Tracer: SITA의 수하물 추적 시스템(외부연계서비스)

항공사 분실 수하물 및 습득 수하물 정보를 서로 공유하여 분실 수하물을 추적하는 시스템

Study Check

1. 다음 공용체크인 시스템에 대한 설명 중 잘못된 내용을 고르시오.

   ⓐ 승객의 탑승과 수하물의 수속을 모두 진행할 수 있다.
   ⓑ 여러 항공사들이 동시에 사용 가능하다.
   ⓒ 공항 내에서만 사용이 가능하다.
   ⓓ AirCUS는 인천국제공항공사에서 개발을 완료하여 사용하는 시스템이다.

2. 다음 중 수속 데스크에서 PGSA가 필요한 장비가 아닌 것을 고르시오.

   ⓐ 게이트 리더기
   ⓑ 보딩패스 출력기
   ⓒ 여권 리더기
   ⓓ 수하물 태그 출력기

3. 다음 중 위탁 수하물의 항공기 탑재 여부를 확인하는 부가서비스는?

   ⓐ AirBRS
   ⓑ TIMATIC
   ⓒ GBS
   ⓓ FALL BACK

4. 아래 장비 상태 목록을 보고 해당하는 장비를 기술하시오.

   · BP(   )
   · BT(   )
   · OC(   )
   · BC(   )
   · PR(   )

5. AirCUS 장비 상태가 정상일 경우 표시되는 상태 안내 색상을 고르시오.

ⓐ 청색   ⓑ 녹색

ⓒ 황색   ⓓ 적색

6. TIMATIC을 통하여 입국 국가의 여행 정보 및 면세 한도 등을 조회할 수 있다.

ⓐ True   ⓑ False

7. World Tracer를 통하여 분실 수하물을 추적할 수 있다.

ⓐ True   ⓑ False

8. FIA 시스템을 통하여 승객의 여권 정보를 판독할 수 있다.

ⓐ True   ⓑ False

9. AirCus의 부가 서비스 중 카운터 및 게이트에 항공기 정보를 안내하는 기능이 있다.

ⓐ True   ⓑ False

10. 탑승권 출력 프린터는 독립형과 일체형으로 구분할 수 있다.

ⓐ True   ⓑ False

정답 : 1.ⓒ 2.ⓐ 3.ⓐ 4.BP(보딩패스 프린터), BT(수하물 태그 프린터), OC(여권 리더기),
BC(바코드 리더기), PR(문서 프린터) 5.ⓐ 6.ⓐ 7.ⓐ 8.ⓑ 9.ⓐ 10.ⓐ

Chapter
04

여행 및 건강 관련 문서
Travel and Health Documentation

◎ **학습 내용**

- 승객 체크인 절차 및 수속 시 필요한 관련 서비스
- PGSA의 역할 및 승객 서비스
- 승객 수속 시 필요 서류
- TIMATIC
- APIS

DCS
Introduction to Airport Check-in Services

승객 체크인 절차 및 수속 시 필요한 서류, 규정들과 관련 서비스에 대하여 살펴보기로 하자.

체크인, 즉 탑승 수속이란 탑승객과 수하물을 수속하기 위하여 관련된 절차에 따라 서비스를 제공하고 탑승객에게 탑승권을 제공하는 것이다.

승객은 체크인 카운터로 이동하여 수하물을 인도하고 탑승권을 받게 되며, 엑스레이를 이용한 기내 수하물 확인을 진행하는 보안 검색대를 통과하게 된다. 그 다음 출입국 심사대를 통과하여 면세구역을 지나 최종적으로 승객이 탑승하는 항공기의 탑승 게이트로 이동하게 된다.

이러한 일련의 활동 내에서 PGSA는 승객의 체크인과 수하물 처리를 담당하게 되므로, PGSA의 서비스를 통하여 승객은 항공사의 이미지를 판단하게 된다. 이 장에서는 승객이 보안 검색을 진행하기 전에 PGSA에서 진행해야 하는 다양한 업무 절차에 대하여 습득하며, 승객과 수하물이 항공권 상태에 따라 어떻게 처리되고, 최종 목적지에 도착하게 되는지 살펴보도록 하자.

공항에서 항공사 직원의 역할은 아래와 같다.
- 승객과 수하물의 빠르고 효율적인 체크인 서비스 제공
- 탑승 지점으로 승객 안내
- 도착 및 환승 데스크에서 승객 안내
- 항공편 및 관련 서비스에 관한 적절하고 정확한 최신 정보를 제공

이 장에서는 수속 시 확인해야 할 필요 문서 및 승객 정보의 입력, 항공권과 여권의 확인 절차 등에 대한 내용을 살펴보기로 한다. 코로나 이후 공항은 더욱더 많은 셀프서비스 기능을 도입하고 있다. PGSA를 통하여 이루어졌던 많은 업무들이 자동화 시스템을 이용하여 가능하게 되었고, 이로 인해 PGSA의 일부 역할들이 축소되기도 하였으나, 수속 담당자는 모든 관련 서비스 절차를 숙지하고 있어야 한다.

PGSA의 업무 지식은 승객에게 제공되는 서비스 질을 향상시키며, 이를 통하여 항공사 이미지 향상과 승객의 항공사 충성도를 유지 및 증가시킬 수 있다.

1. 여행 정보집 Travel Information Manual(TIM) ✈

공항에서 승객이 탑승 수속하는 데 필요한 기본적인 여행 문서를 의미하며, 승객의 목적지 국가에서 필요한 입국 규정 등에 대한 내용을 포함하고 있다.

각 정부 규정에 따라 국제 항공편으로 여행하는 모든 승객은 아래 문서를 소지하여야 탑승 수속이 가능하다.

- 유효한 항공권
- 유효한 여권
- 필요한 경우, 입국 국가의 비자 및 환승 비자
- 여행 가능함을 입증할 수 있는 의료 기록

PGSA는 승객의 국적에 따른 입국 국가의 여권 및 비자의 규정 등을 확인하여 승객의 탑승을 진행해야 한다. 이때 해당 국가의 입국 규정을 확인하기 위하여 TIM을 사용하게 되는데, IATA는 각국의 업데이트되는 입국 규정 및 필요 서류, 입국 시 건강 조건이나 면세 한도 등을 국적별로 자세하게 기술해 놓았다. 또한, IATA는 지침서의 내용을 웹사이트에서 찾아볼 수 있도록 온라인 서비스를 제공하고 있다.

🌐 여행 정보 Travel Information Manual(TIM)

TIM(Travel Information Manual)은 1963년 이래로 오랫동안 항공 여행 업계에서 입국 및 건강 요건, 관세 및 통화 규정에 대한 종합적인 최신 국가 정보를 제공해오고 있다. IATA에서 발행하는 TIM 책자는 1개월 단위로 업데이트되어 발행되며 항공사, 여행사, 다국적 기업, 여행사 및 정부 기관을 위한 정보를 제공하여 여행자가 목적지 국가에 입국 시 위반 사항으로 인한 비용, 즉 시간과 벌금을 절감할 수 있도록 도와준다.

TIM이 제공하는 내용은 다음과 같다.

- 여권: 면제 대상, 유효 기간, 입국 허가 및 환승 제한, 미성년자, 승무원 및 군인에 대한 규정
- 비자: 면제 대상, 발급 규정 및 비용, 재입국 허가, 무비자 경유 및 선원 입국 조건
- 건강 정보: 필수 예방 접종, 말라리아 및 황열병 위험 지역, HIV/AIDS 및 기타 질병, 세계보건기구 권장 사항 및 승객의 건강 관리에 관한 유용한 정보
- 공항세: 금액, 지불 장소 및 출국세 면제 조건과 대상
- 관세 및 통화: 수입 및 수출 규정, 애완 동물 및 야생 동식물
- 면세 한도, 수하물 통관 등

🌐 TIMATIC

항공사는 승객의 탑승 처리 중 TIM의 자동화된 버전 TIMATIC을 사용한다. 과거 문서로 되어 있는 TIM을 사용하였지만, 업무의 자동화가 진행되면서 TIM의 내용을 시스템 내에서 자유롭게 조회할 수 있도록 하였다.

TIMATIC은 항공사 수속 시스템(DCS)과 예약 시스템(GDS) 모두에서 사용할 수 있으며, IATA TIMATIC은 항공사 및 여행사가 출입국 통제 및 규정을 준수하는 데 사용하는 표준이다. TIMATIC은 승객의 목적지, 경유지, 국적, 여행 서류, 거주 국가 등을 기반으로 승객의 조건에 맞추어 개인화된 정보를 제공하게 된다.

현재 TIMATIC의 사용 방식은 IATA에서 제공하는 온라인 사이트(www.timaticweb2.com)를 통하여 확인하거나, 혹은 스타 얼라이언스 홈페이지 내에서 제공하는 입국 국가의 비자 및 건강 정보 확인 사이트(http://www.staralliance.com/en/services/visa-and-health/), 혹은 공항 수속 시스템과 예약 시스템 내에서 연동되어 확인하는 방식 등이 있다.

출처: www.timaticweb2.com

그림 4-1_ IATA TIMATIC 여행 정보집 온라인 사이트

　　TIMATIC을 통한 정보 확인은 승객 예약 서비스의 일부로 승객에게 목적지 국가로의 출입국 시 중요한 정보를 제공하고 체크인 중에 여행자가 올바른 여행 문서를 가지고 있는지 확인하는 데 사용하게 된다.

1 TIMATIC의 장점

　TIMATIC의 주요 장점은 입국이 허용되지 않는 승객으로 인해 이민국에서 부과되는 벌금을 줄일 수 있다는 것이다. 또한 체크인 과정에서 목적지 국가의 입국 시 필요한 조건 확인에 지연이나 혼란을 줄이는 데 도움이 되며 승객이 예약 시 필요한 문서에 대해 TIMATIC을 통하여 쉽게 정보를 제공받을 수 있다.

2 TIMATIC 서비스 내용

TIMATIC이 제공하는 주요 서비스는 다음과 같다.

- 여권 요구 사항 및 권장 사항
- 비자 요건 및 권장 사항
- 건강 요구 사항 및 권장 사항
- 출발 또는 도착 시 여행자가 지불해야 하는 공항세
- 승객의 상품 및 소형 애완동물의 수입/수출과 관련된 세관 규정

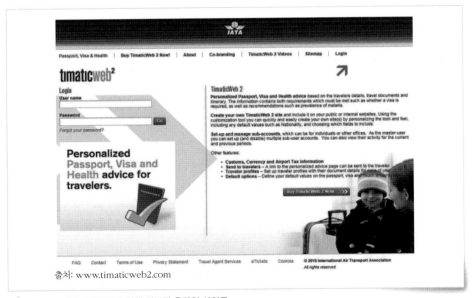

출처: www.timaticweb2.com

🌀 그림 4-2_ IATA TIMATIC 여행 정보집 온라인 사이트

출처: 인천국제공항공사 스마트서비스팀

✍ 그림 4-3_ AirCUS 내의 TIMATIC 접근 화면

- 승객의 수출입과 관련된 통화 규정
- TIM에 게시되는 정보는 전 세계 항공사들이 제공하는 정보를 이용하여 최신
  정보를 보장한다.

다음 그림은 항공사 예약 시스템(GDS)의 TIMATIC 화면(그림 4-4)으로 쿡 제도(Cook
Islands)를 여행할 때 러시아 국적의 승객이 필요한 비자 및 여권 규정에 대한 정보이다.

```
PAGE   01
TIMATIC-2 / 15MAR04 / 2203  UTC
NATIONAL RUSSIAN FEDERATION (RU)
DESTINATION COOK ISLANDS (CK)

VISA DESTINATION COOK ISLANDS (CK)

_ _ _ _ _ _ _ _   NORMAL PASSPORTS ONLY _ _ _ _ _ _ _ _
PASSPORT (MUST BE VALID FOR PERIOD OF INTENDED STAY) REQUIRED.

IF VISIT IS SOLELY FOR TOURISTIC PURPOSES:
VISA NOT REQUIRED FOR A STAY OF MAX. 31 DAYS.

IF VISIT IS FOR BUSINESS PURPOSES (WHICH MAY INCLUDE ACTING FOR
OR ON BEHALF OF A PERSON/FIRM ESTABLISHED OUTSIDE COOK ISLANDS):
VISA REQUIRED (WHICH CAN BE ISSUED ON ARRIVAL), FOR A STAY OF
MAX. 21 DAYS.

PASSENGER MUST HOLD:
-CONFIRMED ONWARD/RETURN TICKETS:
TIPN
```

✍ 그림 4-4_ DCS 및 GDS 내의 TIMATIC 화면

이러한 정보는 입국 국가의 정책에 따라 수시로 변동이 가능하므로, 승객 예약 시, 혹은 수속 시 꼭 확인을 하여야 승객이 입국 국가에서 입국 허가를 받는 데 문제가 발생하지 않는다.

❸ 스타 얼라이언스 사이트 내의 TIMATIC

항공사에서 TIMATIC을 사용하는 방식 중 Star Alliance가 자체 웹사이트에서 제공하는 건강 및 비자 정보를 통한 접근 방식은 다음과 같다.

http://www.staralliance.com/en/services/visa-and-health/

🖋 그림 4-5_ 스타 얼라이언스 웹사이트 내의 비자 정보 화면

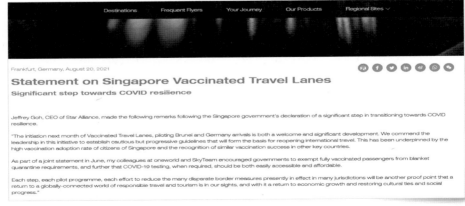

🖋 그림 4-6_ 스타 얼라이언스 웹사이트 내의 건강 서류 확인 화면

대부분의 국가에서는 승객이 여행할 때 여권에 최소 6개월의 유효 기간이 있어야 한다고 요구한다. 또한 일부 국가에서는 해당 국가에 입국하기 전에 비자 발급을 위해 여권에 2~4페이지의 빈 페이지를 요청하기도 한다.

🔑 핵심 학습 포인트

승객의 탑승 수속 서비스를 진행할 때에 승객의 필요 문서 확인은 여행 정보 매뉴얼(TIM) 및 TIMATIC 시스템에 게시된 여행 문서 요구 사항을 기반으로 한다. 이러한 필요 여행 문서 및 비용, 면제 대상 등은 입국 국가의 정책에 따라 수시로 변동되므로, PGSA와 항공사 예약 직원은 승객의 예약과 수속을 진행할 때 반드시 재확인해야 한다.

탑승 수속을 위해 필요한 모든 여행 문서가 올바른지 확인하는 것은 승객의 책임이며, 여행 서류가 적절하지 않은 경우 항공사는 탑승을 거부할 수 있다. 모든 승객의 여행 문서는 수속 전에 반드시 확인하여 경유지 및 최종 목적지에 대한 여행 및 비자 규정을 충족시키는지 확인해야 한다.

잘못된 여행 문서로 인한 승객 탑승 및 거절은 관련 규제 기관에서 항공사 및 개인에게 벌금을 부과할 수 있다.

PGSA는 승객의 탑승 수속 시 승객의 국적과 목적지 국가의 비자 및 여권, 면세 규정 등에 대하여 잘 숙지하여 여행 문서로 인한 잘못된 탑승 수속을 진행하지 않도록 주의하여야 한다.

국적이 다양한 승객이 다양한 목적지를 향하여 출국하므로 국가에 따른 필요 여행 문서를 반드시 확인하여 탑승을 진행해야 하며, 이러한 문서나 국가 규정을 확인하기 위해서는 여행 정보집, TIM, TIMATIC을 통하여 코로나19 검사 및 입국 요건 등을 확인할 수 있다.

Covid19의 위험 이후 백신 접종과 PCR 테스트에 대한 국가별 요건도 업데이트되어 있으며, 각 국가별 입국 시 필요한 애플리케이션과 신청 방법 등에 대하여도 시기별로 정보를 제공한다.

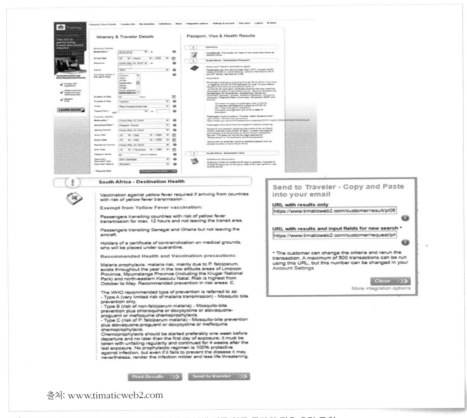

출처: www.timaticweb2.com

🌀 그림 4-7_ IATA TIMATIC Web상에서의 국적에 따른 입국 국가의 필요 요건 조회

또한 IATA는 승객들이 개별적으로 자신의 여행 필요 문서를 확인할 수 있도록, Travel Center 사이트를 통하여 목적지 국가에 대한 여권, 비자, 건강 서류 요건에 대한 필수 조건을 사용할 수 있게 하고 있다.

IATA 트래블센터 사이트 주소와 화면 진행 방식은 다음과 같다.

> https://www.iatatravelcentre.com/passport-visa-health-travel-document-requirements.htm

1) 목적지 입력 Destination

![IATA TravelCentre 화면]

그림 4-8_ IATA Travel Center를 통한 조회 화면 (1)

2) 여정 정보 입력 Travel Information

목적지와 출도착 날짜 및 여행 목적, 왕복 항공권 여부에 대한 정보 입력

TravelCentre

Home | Passport, Visa & Health | Country Information | COVID-19 News | Travellers FAQ

Passport, Visa & Health

01 TRAVEL INFORMATION   **02** PERSONAL INFORMATION   **03** RESULTS PASSPORT, VISA AND HEALTH

Destination	* Thailand
Departure country	* Korea (Rep.)
Arrival date	* 1 January 2023
Depart date	* 1 October 2022
Carrier code	* Korean Air
Countries visited last 6 days	Afghanistan / Albania / Algeria / Andorra / Angola / Anguilla / Antigua and Barbuda / Argentina Korea (Rep.)
Duration of stay	* 90 Days
Purpose of stay	* Tourism/Vacation
Transit - Country	None
Do you hold a Return/Onward ticket?	* Yes

* ☑ I agree to the IATA Privacy Policy and IATA Travel Centre Terms of Use

NEXT PAGE

그림 4-9_ IATA Travel Center 조회 화면 (2)

3) 개인 정보 입력 Personal Information

국적 및 여권 정보, 생년월일에 대한 정보 입력

  그림 4-10_ IATA Travel Center 조회 화면 (3)

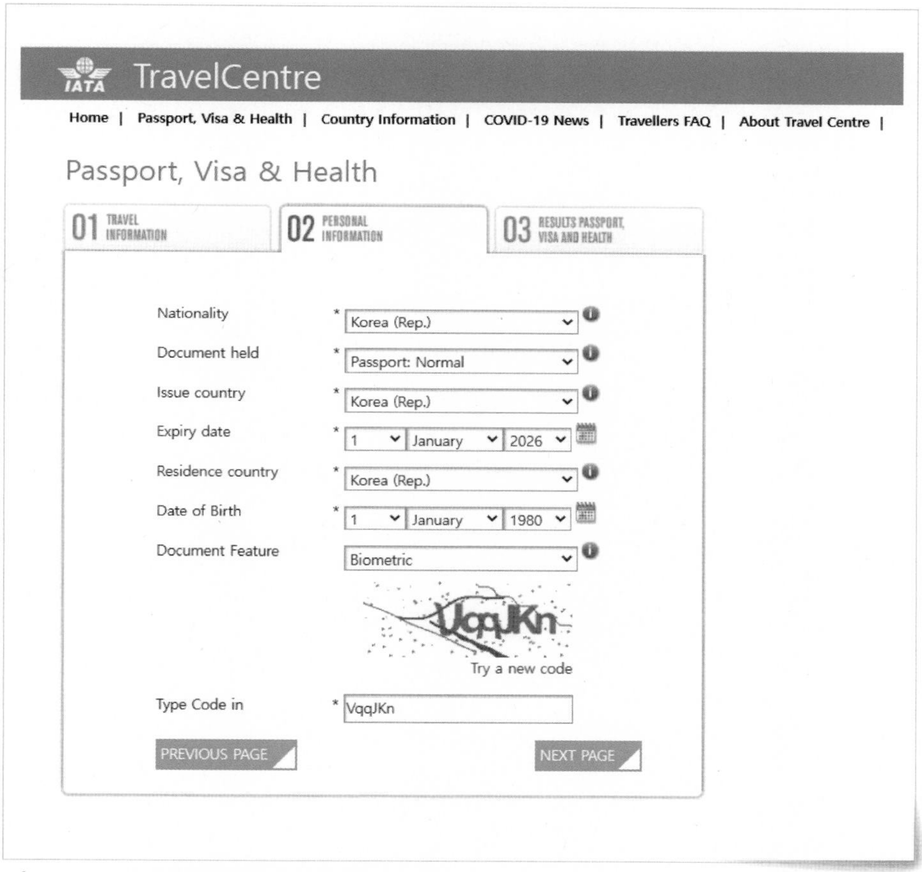

4) 정보 확인 Results

여행 정보와 개인 정보 입력 후 입국 국가의 여행 정보 확인

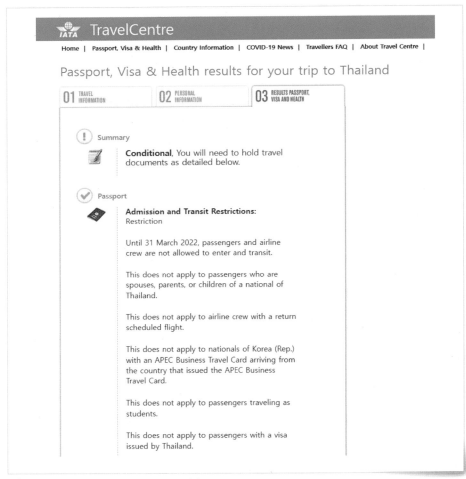

🐌 그림 4-11_ IATA Travel Center 조회 화면 (4)

인천공항 제2터미널 2층에는 정부종합행정센터를 배치해 출국 시 발생할 수 있는 상황(여권 혹은 병역 문제 등으로 인한 출국 시 문제가 생기는 경우)에 대처할 수 있도록 다양한 민원 서비스를 제공하고 있다.

🌀 그림 4-12_ 인천국제공항 제2터미널 내 2층 정부종합행정센터

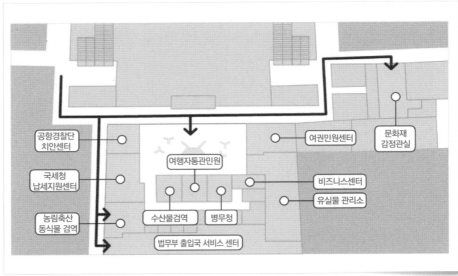

🐚 그림 4-13_ 정부종합행정센터 내부 배치

2. 여권 Passport

모든 국제선 승객은 유효한 여권 또는 권한 있는 공공기관에서 발행한 기타 공식 신분증이 필요하다. 이 문서를 통하여 승객의 신원과 국적을 확인하고 외부로의 여행을 승인하게 된다.

여권은 관할 공공기관이 발급하며 국민 또는 외국인 거주자에게 발급하는 국제적 공식 문서이다. 여권은 다음과 같은 신분증의 형태로 발급되기도 한다.

· 외국인 여권
· 외교 또는 영사 여권
· 공무 수행 여권
· 국제 적십자 여권

- 공동 여권(가족 여권)
- Laissez-Passer(유엔 문서)
- 선원 증명서
- 군인 신분 증명서
- 여행 증명서

대한민국 국민의 경우 여권 신청 사이트(https://www.passport.go.kr/new/)에서 신규 발급 및 재발급 조건에 따라 필요 서류를 확인하여 여권 사무 대행 기관 및 재외공관에 접수하여야 하며 본인이 직접 방문하는 것을 원칙으로 한다.

2021년 12월 21일부터 보안이 강화된 차세대 전자 여권 발급이 시작되었으며, 디지털 보안 요소를 적용하여 내구성, 내열성, 보안성이 강하게 디자인되었다. 기존 여권의 기간 만료로 인한 재발급인 경우 전자 여권을 정부24(http://www.gov.kr) 혹은 정부24 어플을 설치하여 모바일로도 온라인 신청이 가능하게 되었다.

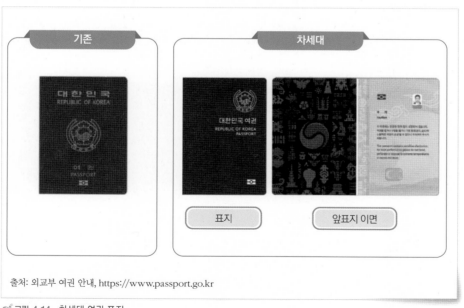

출처: 외교부 여권 안내, https://www.passport.go.kr

🎐 그림 4-14_ 차세대 여권 표지

여권 발급 시 필요한 서류와 수수료는 다음과 같다.

- 여권 발급 신청서
- 여권용 사진 1매(6개월 이내에 촬영한 사진)
- 신분증
- 병역 관련 서류(해당자)
  - 병역 미필자(18~37세): 제출 서류 없음, 5년 복수 여권 발급
    (단, 여권 발급과 별도로 출국 시에는 국외 여행 허가서 필요)
  - 37세까지 국외 여행 허가를 받은 자: 10년 복수 여권 발급
  - 전역 6개월 미만의 대체 의무 복무 중인 자: 전역 예정 증명서 및 복무확인서 제출 시 10년 복수 여권 발급

※ 여권 신청 시 유효기간이 남아있는 여권은 반드시 지참하시고 방문하시기 바랍니다.(천공 처리 후 돌려드립니다.)

여권 발급 등에 관한 수수료(국제교류기여금 포함)

종류	구분			여권 발급 수수료		국제교류기여금		합계	
				국내	재외공관	국내	재외공관	국내	재외공관
전자 여권	복수 여권	10년 이내 (18세 이상)		58면	38,000원	38불	15,000원	15불	53,000원	53불
				26면	35,000원	35불			50,000원	50불
		5년 (18세 미만)	만 8세 이상	58면	33,000원	33불	12,000원	12불	45,000원	45불
				26면	30,000원	30불			42,000원	42불
			만 8세 미만	58면	33,000원	33불	–	–	33,000원	33불
				26면	30,000원	30불			30,000원	30불
		5년 미만(26면)		26면	15,000원	15불	–	–	15,000원	15불
	단수 여권	1년 이내			15,000원	15불	5,000원	5불	20,000원	20불

출처: 외교부 여권 안내, https://www.passport.go.kr

그림 4-15_ 여권 발급 등에 관한 수수료

3. Visa

비자는 승객이 해당 국가에 입국하거나 재입국할 수 있는 권한을 부여받았음을 나타내기 위해 정부의 영사관 직원이 작성한 여권 또는 기타 여행 문서이다. 목적지 국가를 방문할 경우 사전에 비자 발급이 필요한 경우가 있으며, 혹은 경유 비자(Transit Visa), 도착 비자(Arrival Visa), 또는 비자 면제(Visa Exemption) 등의 조건이 적용되기도 하며, 이러한 경우는 해당 국가에 대한 입국을 반드시 보장하는 것이 아니라 최종 결정은 입국 시 해당 국가의 입국 심사대에 있음을 의미한다.

1 비자의 특성

비자는 다음과 같은 몇 가지 특징을 지닌다.

◎ 그림 4-16_ 여권 내 표기된 스탬프 형식의 비자

❶ 비자는 일반적으로 해당 국가의 영사관에서만 발급되며, 도착 시 발급되는 경우도 있다. 비자는 여권의 한 페이지에 스탬프 또는 스탬프와 발급 영사관의 서명이 있는 스티커로 표기된다.

❷ 비자는 단일, 이중 또는 복수 입국이 가능하며 일반적으로 유효 기간이 존재한다. 일부 비자는 장기간 또는 소지자의 평생 또는 여권 유효 기간 동안 유효한 경우도 있다.

❸ 비자는 방문 목적에 따라 다양하게 발급된다.: 비즈니스 비자, 방문 비자, 관광 비자, 이민 비자 및 특수 목적 비자(예 순례자, 학생 등)

❹ 가족 여권으로 발급된 비자는 비자에 언급된 여권의 가족 구성원에게만 유효하다.

❺ 항공기 환승을 위해 제3국을 경유하는 경우 비자가 필요한 사람에게는 유효 기간이 짧은 Transit Visa와 같은 경유 비자가 발급되기도 한다. 승객의 국적에 따라 환승 비자가 도착 시 발급되며 일부 승객은 비자 없이 환승이 허용될 수 있다.(TWOV; Transit Without Visa)

② 호주 비자 신청 사이트

다음 그림은 호주 대사관에서 호주를 입국하는 승객에게 요청하는 비자 신청 사이트이다. 대사관이 운영하는 웹사이트를 통한 신청이 가능하며, 또한 항공 예약 시 여행사나 항공사에서 예약 시스템을 통하여 신청도 가능하다.

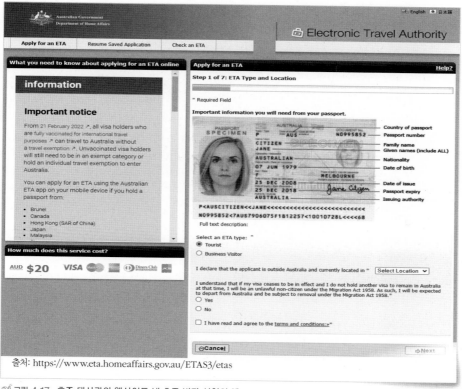

출처: https://www.eta.homeaffairs.gov.au/ETAS3/etas

◎ 그림 4-17_ 호주 대사관의 웹사이트 내 호주 비자 신청의 예

```
RESTRICTED TIMATIC ACCESS

>  TIETAR

>TIETAA                ETA APPLICATION    CERT SYSTEM
AGENT LOGON        ..........
PASSPORT NUMBER    ...............   FROM PASSPORT TITLE PAGE
NATIONALITY        ...              1-3 CHARACTER CODE
DATE OF BIRTH      ........         DDMONYYYY/--MONYYYY/-----YYYY
SEX                .                M/F/X
COUNTRY OF BIRTH   ...              1-3 CHARACTER CODE
EXPIRY DATE        ........         DDMONYYYY
FAMILY NAME        ....................... FULL NAMES-NO TITLES
GIVEN NAMES        .................... SPACE BETWEEN NAMES
TYPE OF TRAVEL     ..             T/B  T: Travel
                                       B: Business
```

◎ 그림 4-18_ GDS-Amadeus 화면을 통한 호주 비자 신청 화면

출처: 트래블북스

 그림 4-19_ 아제르바이젠 바쿠 공항 비자 받는 곳

4. 건강 증명서 Health Documentation

특정 예방 접종 증명서 또는 건강 증명서는 주로 열대 지역의 일부 국가에서만 필요한 경우가 많다. 일반적으로 세계보건기구(WHO)에서 지정한 국제 형식의 예방 접종 확인서가 인정되며, 예방 접종마다 유효 기간이 다르게 적용될 수 있다.

필요한 예방 접종 혹은 건강 증명서가 있는지 확인하는 것은 승객의 책임이지만, PGSA는 승객의 탑승 수속 시 각 목적지에 대한 정보를 숙지하고 재확인하여야 한다.

아프리카 국가에 입국 시 필수 예방 접종은 일반적으로 A형 간염, 장티푸스, 파상풍, 수막구균, 황열 등이 있으며, 각 주사마다 유효 기간이 다르다. 접종 후 예방 접종 증명서를 영문으로 발급하여야 하며, 이는 질병관리청 사이트(https://nip.kdca.go.kr/irgd/civil.do)에서 발급 가능하다.

🎐 그림 4-20_ 질병관리청 예방 접종 증명서 발급 서비스

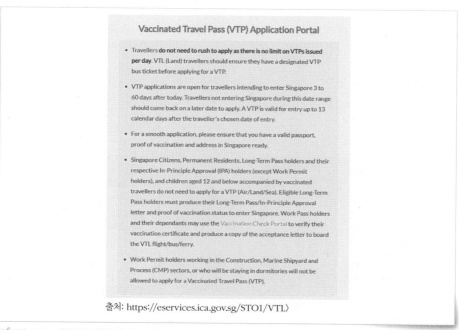

출처: https://eservices.ica.gov.sg/STO1/VTL〉

🎐 그림 4-21_ 싱가포르 입국 시 VTP 발급 화면

코로나로 인하여 국가마다 요구하는 백신 패스 등의 절차도 매우 다양하다. 싱가포르의 경우 출국 전 Vaccinated Travel Pass(VTP)를 사전 신청하면 이메일을 통하여 증명서를 전달받을 수 있다. 또한 입국 전 여행자 보험을 반드시 들어야 입국이 가능하며, COOV 코로나19 전자 증명서를 모바일을 통하여 발급받을 수 있다.

5. 여행 문서

1 탑승 수속 시 Check List

탑승 수속 시 원활한 업무 진행을 위해 체크인 카운터에서는 다음과 같이 필수 여행 서류를 확인하여야 한다.

- 여권 또는 기타 문서: 유효 기간, 사진 및 이름 확인
  승객 여권 이름과 예약의 이름, 항공권의 이름이 모두 일치하여야 한다.
- 필요시 출국 비자 또는 재입국 비자
- 필요시 환승 지점 및 최종 목적지에 유효한 비자
- 필요시 유효한 예방 접종 증명서

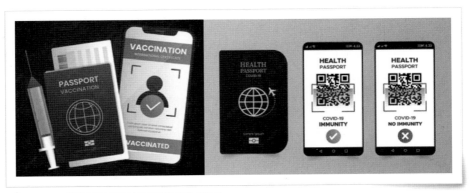

🐚 그림 4-22_ 애플리케이션을 통한 모바일 건강 증명서

PGSA는 다음과 같은 필수 항목을 확인하여 업무 처리를 효과적으로 진행할 수 있다.

① 여권
- 여권 유효 기간
- 유효한 서명

② 여권 표지/제본
- 고품질 인쇄 및 휘장
- 불규칙한 바느질
- 과도한 접착제

③ 사진
- 사진, 생년월일, 나이가 승객의 외모와 일치하는지의 여부
- 정렬 불일치 및 얼룩과 같은 변조의 징후가 있는지의 여부

④ 여권 속지
- 용지가 불법 복제를 방지한 재질인지의 여부
- 페이지 번호의 여부와 순서대로 정렬된 상태
- 페이지의 크기와 색상이 동일하게 사용되었는지의 여부
- 파손이나 개조의 가능성
- 철자 오류 여부

⑤ 비자
- 비자의 필요 여부
- 비자의 유효성 여부

여권의 훼손 상태에 따라 출국 시 혹은 입국 시 제재를 받을 수 있으며, 이는 승객의 불편함을 초래할 뿐 아니라 새로운 비용을 창출하게 된다. 여권이 비에 젖거나, 찢어진 상황에서는 탑승 승인 여부가 불확실하므로 사전에 여권의 재발급을 진행하여 출국하여야 한다.

2 여행 문서 확인

IATA 지상 운영 매뉴얼(IGOM: IATA Ground Operation Manual), 섹션 1.1.5에 따르면 여행 서류 확인은 다음과 같은 순서로 진행된다.

1. 항공권에 표기된 여정, 항공편명, 출발 날짜, 운항 항공사, 좌석의 확약, 탑승 클래스 및 제한 규정 등에 대한 유효성을 확인한다.
2. 승객의 여정과 항공권이 일치한지 승객과 최종 확인한다.
3. 생년월일과 사진이 포함된 여행 문서를 통해 승객의 신원을 확인하고 여행 문서의 이름과 예약된 이름이 승객과 일치하는지 확인한다.
4. 동반 여권일 경우 가족 구성원 모두에게 유효한 문서인지를 확인하고, 입국 국가가 동반 여권을 허용하는지에 대해 확인한다.
5. 문서의 위조 징후가 있을 경우 상부에 보고한다.
6. DCS를 통하여 승객 수속을 진행하며 특별 서비스 요청이나 주의해야 할 점 등을 검토한다.
7. 목적지 및 환승 요건에 대한 여행 문서를 확인하고, 비자 및 입국 조건을 검토한다.
8. 필요한 경우 승객 정보를 입력한다.
9. 문서상 문제가 발생될 경우 해당 기관에 도움을 요청할 수 있도록 상부에 보고한다.

3 수속 시 주의할 점

PGSA는 다음과 같은 승객에게 서비스를 제공할 때 주의해야 한다.

- 승객이 긴장하거나 방향 감각을 잃은 것처럼 보일 경우
- 승객에게 수하물이 거의 없거나 전혀 없는 경우
- 승객이 비정상적이거나 비논리적인 경로를 가지고 있을 경우
- 승객이 편도 티켓을 가지고 있을 경우
- 승객이 부적절하게 옷을 입고 있을 경우(항공사 정책에 따라 다름)

- 승객이 체크인을 하거나 탑승구에 도착할 때 고의적으로 마지막에 진행할 경우
- 승객이 여권의 국적과 유사하지 않거나 해당 국가의 언어를 구사하지 못할 경우
- 승객이 대리 수속을 진행하고자 시도할 경우

6. 사전 승객 정보 APIS-Advanced Passenger Information System

대부분 국가에서는 승객의 하기 전 항공사에게 승객의 전자 데이터를 제출하도록 요구한다.

이러한 전자 데이터는 일반적으로 체크인 시 수집되거나 예약 시 수집된 데이터에서 제공되며 여행 서류를 제시할 때 확인된다. 각 운항 항공사의 지침에 따라 PGSA는 체크인 시 API 데이터를 수집하거나 이미 제공된 데이터를 검토해야 한다.

```
--- TST RLR ---
RP/SELK1394Z/SELK1394Z            AA/SU  20OCT21/0439Z    52E5JD
3010-0496
  1.KIM/KYUNG HAE MS    2.KIM/SERA MISS(CHD/01MAY17)
  3  KE 623 Y 01NOV 1 ICNMNL HK2   1835 2145   01NOV  E  KE/52E5JD
  4  KE 622 Y 10NOV 3 MNLICN HK2   1230 1725   10NOV  E  KE/52E5JD
  5 AP 010
  6 TK PAX OK10SEP/SELK1394Z//ETKE/S3-4/P1-2
  7 SSR CHLD KE HK1 01MAY17/P2
  8 SSR CHML KE HN1/S3/P2
  9 SSR CHML KE HN1/S4/P2
 10 SSR DOCS KE HK1 P/KR/SC1234567/KR/01MAY97/F/13OCT24/KIM/KYUN
      GHAE/P1
 11 SSR DOCS KE HK1 P/KR/AB1234567/KR/01MAY17/F/13OCT24/KIM/SERA
      /P2
 12 FA PAX 180-3331200405/ETKE/KRW1016700/10SEP21/SELK1394Z/0003
      9911/S3-4/P1
 13 FA PAX 180-3331200406/ETKE/KRW780600/10SEP21/SELK1394Z/00039
      911/S3-4/P2
```

출처: 토파스셀커넥트

📖 그림 4-23_ GDS 예약 내 APIS 입력 표기의 예

Electronic Advance Passenger Information System
CUSTOMS & BORDER PROTECTION
U.S. DEPARTMENT OF HOMELAND SECURITY

Add to Bookmarks

News Legal Notices [!] Help [?]

Welcome

⚠ Security Notification:
You are about to access a Department of Homeland Security computer system. This computer system and data therein are property of the U.S. Government and provided for official U.S. Government information and use. There is no expectation of privacy when you use this computer system. The use of a password or any other security measure does not establish an expectation of privacy. By using this system, you consent to the terms set forth in this notice. You may not process classified national security information on this computer system. Access to this system is restricted to authorized users only. Unauthorized access, use, or modification of this system or of data contained herein, or in transit to/from this system, may constitute a violation of section 1030 of title 18 of the U.S. Code and other criminal laws. Anyone who accesses a Federal computer system without authorization or exceeds access authority, or obtains, alters, damages, destroys, or discloses information, or prevents authorized use of information on the computer system, may be subject to penalties, fines or imprisonment. This computer system and any related equipment is subject to monitoring for administrative oversight, law enforcement, criminal investigative purposes, inquiries into alleged wrongdoing or misuse, and to ensure proper performance of applicable security features and procedures. DHS may conduct monitoring activities without further notice.

The Electronic Advance Passenger Information System, or eAPIS, allows you to enter or upload passenger and crew manifests online. Reports are also available through eAPIS for Customs and Border Protection approved individuals.

Enrolled Users

Log In

To begin using this service, please enter your sender ID and password and select **Log In**.

Sender ID:

Password:

Log In ▶

Need help logging in?
Select the link above to access enrollment, login, and account activation help information.

Reset your password
Forgot or need to reset your password? Select the link above to create a new password and re-activate your account.

New eAPIS Users

Enroll

If you are a new user, you will need to Enroll.

Enroll ▶

🐚 그림 4-24_ 미국 국경보호청 CBP에 등록하는 eAPIS 입력 화면 예시

APIS는 항공사의 컴퓨터 시스템과 목적지 국가의 컴퓨터 시스템 간에 제한된 수의 데이터 요소(여권의 세부 정보 및 탑승 항공편 정보)를 포함하는 전자 데이터 교환 시스템이다.

eAPIS(전자 API) 웹사이트는 상업용 항공기가 미국을 들어갈 때 미국 세관과 국경보호청에 입국 승객의 정보를 전송할 수 있도록 만들어 놓은 웹사이트이다.(https:// eapis.cbp.dhs.gov)

특정 국가로 여행하는 경우 승객은 예약 시, 혹은 체크인 전에 여권 정보를 포함한 승객 정보(API)를 제공해야 하며, 정보 입력이 누락되었을 경우 탑승이 불가능한 경우도 있다.

1 eAPIS 작성 시 필수 정보

APIS 정보를 온라인상에 입력할 때 반드시 필요한 정보들은 다음과 같다.

- 승객 이름(여권에 표기된 이름과 동일하게 성, 이름, 중간 이름 모두 입력)
- 성별 및 생년월일
- 국적
- 거주 국가
- 여권 유형
- 여권 번호(여권 만료일 및 발급 국가)
- [미국 여행자의 경우] 미국에 도착하여 거주하는 주소

  (미국 국적이 아닌 국민, 혹은 미국 내 외국인 거주자에게 필요)

항공사는 APIS 데이터를 정부에서 지정한 수신자에게 미리 정해진 시간 내에 전송해야 한다.

7. 전자 항공권 Electronic Ticket(E-Ticket or ET)

전자 항공권은 2005년부터 기존의 종이 항공권을 대체하여 항공사들이 도입하기 시작하였으며, 2008년 6월 1일부터 IATA 회원에게 의무 사항이 되었다.

승객은 여행사 또는 항공사 사무실에 연락하여 전자 항공권 예약을 할 수 있으며, 항공사 웹사이트를 통해서도 예약이 가능하다. 다양한 채널을 통하여 최적의 요금을 쉽게 검색할 수 있게 되었고, 예약이 완료된 후 지불 방식의 선택을 진행한 후 전자 항공권 발행이 온라인상으로 가능하게 되었다. 이러한 모든 데이터는 항공사 컴퓨터에 디지털 기록으로 저장된다.

고객은 예약 후 부여받은 예약 번호, 혹은 발권 후 제공받는 전자 항공권의 여정표를 통하여 항공권 번호를 확인할 수 있으며, 항공권 여정 영수증을 인쇄하도록 이메

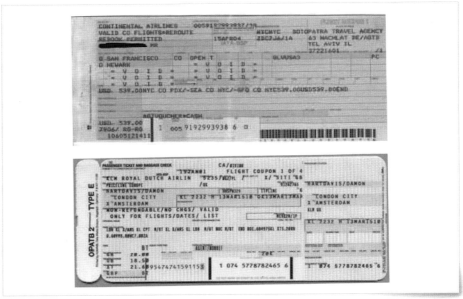

🖋 그림 4-25_ GDS를 통한 여행사의 종이 항공권

일을 통해 전달받을 수 있다. 전자 항공권은 이메일이나 모바일을 통한 전송이 가능하므로 과거 종이 항공권 시대의 항공권 분실과 같은 상황이 발생하지 않게 되었다.

항공권 운임정보 Ticket/Fare Information

- 연결항공권 Conj.Ticket No.
- 운임산출내역 Fare Calculation — SEL KE DAD Q17.84 218.61KE SEL Q17.84 218.61NUC472.90END ROE1120.695774
- Tour Code Tour Code — 85DQNETMS
- 산불운임 Fare Amount
- 지불운임 Equiv.Fare Paid — KRW 530000(Paid Amount KRW 530000)
- 세금/항공사 부과 금액 Taxes/Carrier-imposed Fees — Paid Amount KRW 110800
- 세금 Taxes — KRW 28000BP 2300C4 22900IC
- 유류할증료 Fuel Surcharge — KRW 57600YR
- 부가수수료 Service Fees
- 총산출운임 Total Amount — KRW 640800 (Total Paid Amount KRW 640800)
- 지불수단 Form of Payment — CCAX XXXXXXXXXXXX3915 / 0621/03
- 발행일/발행처 e-Ticket Issue Date/Place — 15OCT2018 / 17312341 / SELX1328N

유의사항 Notice

항공권 제한 사항 Ticket Restriction

- 항공권 유효기간 — 서울(ICN/Incheon intl) - 다 낭(DAD/Da nang) : 2019년 01월 17일 / 다 낭(DAD/Da nang) - 서울(ICN/Incheon intl) : 2019년 01월 17일
- 타 항공사로 항공권 양도

재발행

재발행 수수료가 부과됩니다. (수수료 KRW 70,000)

IATA 법적고지문 IATA E-Ticket Legal Notice

계약 조건 및 중요 안내사항

그림 4-26_ GDS를 통한 여행사의 전자 항공권

ⓒ 그림 4-27_ GDS를 통해 발행된 전자 항공권 데이터 표기(1)

ⓒ 그림 4-28_ GDS를 통해 발행된 전자 항공권 데이터 표기(2)

```
TKT-1803331592376          RCI-                        1A LOC-6QIGRF
  OD-SELSEL  SI-        FCPI-0   POI-SEL  DOI-16MAR22  IOI-00039911
    1.KIM/KYUNGHAE MS                ADT        ST   N
  1 O ICNBKK     KE    651 C 01OCT 1805 OK O         CRT
                                                          01OCT 2PC
  2 O BKKICN     KE    652 C 10OCT 2330 OK O         CRT
                                                          01OCT 2PC
```

Status : Open 사용 가능 항공권

◎ 그림 4-29_ GDS를 통해 발행된 전자 항공권의 상태 표기(사용 여부 확인)

1 전자 항공권의 구성 요소

전자 항공권 여정표에는 다음과 같은 다양한 정보를 포함하고 있다.

❶ 항공권 번호

항공사 식별 코드 Airline Code-3자리 수

일련 번호 Serial Number-4자리 형식 번호, 6자리 일련 번호 및 체크 번호

❷ 운송 약관 및 IATA 운송 규정

❸ 운임 및 세금(지불한 금액과 동일하거나 다를 경우도 있다.)

❹ 항공권 지불 방식: 현금 혹은 신용카드

신용카드의 경우 각 신용카드의 종류를 입력하여 구분한다.

❺ 항공권 발권 장소 및 발권 날짜

❻ 수하물 허용량

2 전자 항공권 수속

전자 항공권으로 수속을 진행하기 위해서 승객은 체크인 카운터로 가서 여권, 예약 코드가 포함된 전자 항공권 여정 영수증을 제시한다.

PGSA는 여권으로 승객의 예약과 전자 항공권을 확인할 수 있기 때문에 승객이 전자 항공권 여정표를 제시하지 않아도 수속이 가능하지만, 항공권이 여러 개이거나

여정이 복잡할 경우 예약번호나 항공권 번호를 이용한 수속은 좀 더 정확하고 빠르게 진행할 수 있다. 또한, 입국 국가의 이민국 심사 때 본국으로 돌아가는 항공권을 제시하여야 하는 경우가(관광 목적으로 비자 없이 단기 체류하는 국가의 입국) 많으므로 전자 항공권의 여정표는 출입국 심사를 위하여 반드시 출력하여야 한다.

전자 항공권의 출현으로 인하여 수속 절차가 매우 향상되었고 승객의 항공권 분실로 인한 문제가 해결되었다.

③ 셀프 체크인 서비스 및 원격 체크인

수속 시스템의 자동화로 인하여 공항은 키오스크를 통한, 혹은 항공사 자체의 키오스크나 모바일 체크인 등을 통하여 과거에 비해 빠르고 효과적으로 수속을 진행하고 있다.

항공사들은 다음과 같은 방법 등으로 인하여 보다 간편하고 빠르게 수속을 진행한다.

- 웹사이트/전화/셀프서비스 키오스크 체크인
- 조기 체크인
- 공항 키오스크 및 공항 이외의 장소에서 탑승권 발행
- 모바일을 통한 탑승 수속 또는 이메일을 통한 탑승권 전달

점점 더 많은 항공사 웹사이트에서 전자 항공권을 소지한 승객이 항공기 출발 24시간 전에 온라인 체크인을 수행할 수 있게 되었고, 항공사 웹사이트는 승객의 예약 기록을 통해서 탑승권을 생성하게 된다. 온라인상 발급된 탑승권은 이메일로 전송도 가능하며, 출력하거나 문자 메시지를 통해 스마트폰으로 전송도 가능하다. 승객은 공항 이외의 지역에서 탑승권을 받고 위탁 수하물이 없는 경우 체크인 카운터를 거치지 않고 바로 보안 검색대로 진행할 수도 있다.

E-Ticketing을 사용하면 항공권 기록이 항공사의 예약 시스템에 저장된다. 이 발권 정보는 GDS 또는 DCS에서 확인이 가능하며, 전 세계의 대부분의 항공사는 저장된 항공권 기록으로 전산상 확인이 가능하게 되었다.

출처: www.thaiairways.com

🌀 그림 4-30_ 타이항공사 온라인 체크인 화면

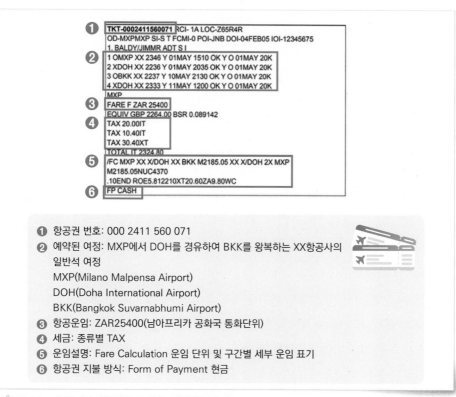

🌀 그림 4-31_ DCS 수속 화면에서 표기되는 전자 항공권 정보

발권 담당 직원은 항공권의 금액 및 세금 등의 세부 정보를 입력하여 항공권을 발권하고, 이러한 데이터들은 승객의 원활한 수속을 진행하기 위해 GDS 시스템에서 DCS 시스템으로 전달되게 된다.

🔑 핵심 학습 포인트

PGSA는 승객과 항공사 모두의 원활한 공항 서비스 제공 및 진행을 위해 탑승 승인 완료 전에 승객의 여행 문서를 반드시 확인해야 한다.

전자 항공권이 발행된 후 GDS 시스템에 티켓 번호가 생성되며 전자 데이터가 생성된다. 전자 데이터는 DCS에서 수속을 진행하도록 항공권의 사용 여부를 전산상으로 표기하게 되는데 이를 '쿠폰 상태 Coupon Status'라고 하며, 쿠폰 상태가 '열림' 상태, 즉 OPEN일 경우 탑승 수속이 가능한 전자 항공권임을 의미한다.

승객이 체크인에 도착하면 PGSA는 DCS에서 쿠폰 상태 정보를 검색하고, 승객이 셀프서비스 키오스크를 사용하는 경우 시스템은 DCS에서 정보를 검색하여 승객이 직접 체크인할 수 있도록 진행된다.

승객이 체크인을 진행하면 쿠폰 상태는 'OPEN'에서 'CHECKED-IN'으로 변경되고 출발 후 쿠폰 상태가 'LIFTED'로 변경되며, 일정 시간이 지나면 쿠폰 상태가 'FLOWN'으로 변경된다. 항공사 정산 시스템(IATA BSP)은 매일 티켓 판매 및 사용에 대한 모든 정보를 GDS로부터 수신하며, 자사 항공권을 이용한 타 항공사 구간을 발권할 경우 항공사 간의 정산 계약 Interline Agreement를 통하여 상호 청구가 가능하다.

---

4 전자 항공권의 혜택

1) 승객

• 편리한 여정 변경

갑작스러운 여정 변경의 경우 인터넷을 통하여 쉽게 변경하고 재발급받을 수 있으므로 여정 변경 시 빠르게 업데이트가 가능하며, 발권을 진행한 항공사나 여행사에 직접 방문을 할 필요가 없다. 특히 해외에서 발생되는 여정 변경일 경우 발행 여행사에 이메일을 통한 요청으로 실시간 변경 요청이 가능하다.

• 예약 및 수속 시 인터넷을 통한 효율적인 진행을 할 수 있다.

- 항공권 분실 위험을 걱정하지 않아도 된다.

인터넷을 통한 기록이 남아 있으므로, 전자 항공권의 여정표를 분실하였다고 하여도 승객 이름과 여정만으로 항공권을 확인할 수 있다.

2) 항공사

- 전자 항공권의 발권을 통하여 연간 30억 달러 비용을 절감할 수 있다.
- 전자 항공권 시행을 통한 항공사 간의 상호 청구할 수 있는 수익을 증가시킬 수 있다. 전자 항공권을 통하여 타 항공사의 항공권을 분리하여 발권하는 불편함도 줄이고, 동일한 항공권에 타 항공사의 항공권을 같이 발권하여도 항공권 정보가 공유되어 정산 계약이 되어 있는 항공사 간의 상호 청구가 얼마든지 가능하다.

3) 여행사

- 항공권 발행 시 발생되는 비용이 절감된다.

종이 항공권 발행 시 사용되었던 티켓 프린터, 혹은 프린터 유지 보수, 항공권 배포 비용을 절감하게 되어 장비 등과 같은 소모품 유지 비용을 줄일 수 있다.

- 종이 항공권의 경우 티켓 재고 관리를 해야 하나, 전자 항공권의 경우 실물 항공권이 아닌 전산상의 항공권이므로 재고에 드는 창고 비용이나, 실물에 대한 부담이 줄어 든다.

📍 핵심 학습 포인트

이 단원에서는 승객 운송에 필요한 다양한 여행 서류에 대하여 살펴보았다. 탑승 승인이 필요한 전자 항공권의 이점은 전산을 통한 DCS와 GDS 내의 정보 공유를 통하여 PGSA가 효율적으로 정보 공유를 통한 탑승 승인을 진행할 수 있다는 것이다.

여권, 비자 및 건강 진단서와 같은 기타 문서는 정부에서 발급하며 이러한 문서의 유효성을 확인하는 것은 운송업체의 책임이므로, PGSA는 수속 시 서류 확인에 각별한 주의를 기울여야 한다. 서류의 문제가 발생할 경우 최종 목적지 국가의 입국 시 입국 거절을 당하거나 운송 항공사에 무거운 벌금을 부과할 수 있기 때문이다.

Study Check

1. IATA는 TIM을 (   )개월 단위로 발행한다.

   ⓐ 1년
   ⓑ 1개월
   ⓒ 3개월
   ⓓ 6개월

2. 아래 약어를 풀어 쓰시오.

   ⓐ APIS
   ⓑ TWOV

3. 다음 중 공항에서 승객의 탑승 수속을 위해 필요한 기본적인 여행 문서를 기입하
   시오.

   ⓐ 유효한 항공권
   ⓑ
   ⓒ
   ⓓ 여행 가능함을 입증할 수 있는 의료 기록

* 아래 TIM 규정을 보고 질문에 답하시오.(4~5번)

> 국적: 러시아
> 입국 국가: Cook Islands

```
PAGE  01
TIMATIC-2 / 15MAR04 / 2203 UTC
NATIONAL RUSSIAN FEDERATION (RU)
DESTINATION COOK ISLANDS (CK)

VISA DESTINATION COOK ISLANDS (CK)

...... NORMAL PASSPORTS ONLY ......
PASSPORT (MUST BE VALID FOR PERIOD OF INTENDED STAY) REQUIRED.

IF VISIT IS SOLELY FOR TOURISTIC PURPOSES:
VISA NOT REQUIRED FOR A STAY OF MAX. 31 DAYS.

IF VISIT IS FOR BUSINESS PURPOSES (WHICH MAY INCLUDE ACTING FOR
OR ON BEHALF OF A PERSON/FIRM ESTABLISHED OUTSIDE COOK
ISLANDS):
VISA REQUIRED (WHICH CAN BE ISSUED ON ARRIVAL), FOR A STAY OF
MAX. 21 DAYS.

PASSENGER MUST HOLD:
- CONFIRMED ONWARD/RETURN TICKETS;
TIPN
```

4. 러시아 국적의 승객이 20일 동안 관광 목적으로 체류할 경우 비자가 필요하다.

    ⓐ True

    ⓑ False

5. 러시아 국적의 승객이 20일 동안 사업 목적으로 체류할 경우 비자가 필요하다.

    ⓐ True

    ⓑ False

6. 전자 항공권의 도입으로 항공사의 비용이 줄어드는 효과를 초래하였다.

    ⓐ True

    ⓑ False

Study Check

7. GDS를 통하여 발권된 항공권은 DCS 내에서는 발권 여부 확인이 불가능하다.

   ⓐ True

   ⓑ False

8. 항공권 발권 시 입력하는 APIS에는 승객의 성별은 입력하지 않는다.

   ⓐ True

   ⓑ False

9. 전자 항공권은 쿠폰 상태를 통하여 항공권 사용 여부를 확인할 수 있다.

   ⓐ True

   ⓑ False

10. 입국 시 공항에서 비자를 받는 방식을 도착비자(Arrival Visa)라고 한다.

   ⓐ True

   ⓑ False

정답 : 1.ⓑ　2. Advanced Passenger Information System, Transit without Visa
3.ⓑ 유효한 여권, ⓒ 입국 국가의 비자 및 환승 비자　4.ⓑ　5.ⓐ　6.ⓐ　7.ⓑ　8.ⓑ
9.ⓐ　10.ⓐ

DCS
공항 수속 서비스
개론

승객 수속 서비스
Passenger Acceptance

◎ **학습 내용**

• 다양한 방식의 승객 수속 방식
• 승객 목록 및 수속 서비스 절차
• 좌석 지정 절차
• 승객 수속 승인 절차

DCS
Introduction to Airport Check-in Services

공항 직원은 승객 탑승 수속 절차에 대한 충분한 지식을 가지고 각종 서비스 용어에 익숙하여야 원활한 서비스를 제공할 수 있다. 수속 절차에는 일반적으로 적용되는 기본 원리와 규정이 있다.

2000년대 이후로 항공사는 인건비의 절약을 위해 자체 지상 서비스를 직접 운영하는 방식에서 각 항공사의 탑승 수속을 수행할 PGSA, 즉 아웃소싱 업체를 선정하여 운영하게 되었다.

체크인은 공항에 도착한 승객이 제일 먼저 항공사 직원과 대면하는 첫 번째 절차이다. 이 과정에서 승객은 사전, 혹은 수속 중 항공사가 제공하는 특별 서비스에 대한 요청을 할 수 있다.

좌석 선호도, 항공편 또는 목적지 정보 문의, 예약 변경, 상용 고객 마일리지 적립 또는 업그레이드 비용 지불 등 추가로 선택할 수 있는, 유·무료 서비스에 대한 요청을 할 수 있으며, 전자 항공권과 수하물의 탑승 및 운송 가능 확인서의 역할을 하는 보딩패스, 즉 탑승권을 발급받게 된다.

도심 공항 터미널과 같이 시내에서 이루어지는 체크인 서비스는 일부 도시에서 제공 가능한 서비스로, 승객은 공항 내에서가 아닌 도시 내 지정된 장소에서 수하물을 체크인할 수 있으며, 이를 통해 체크인 시간과 공항에서의 대기 시간을 줄일 수 있다.

1. 체크인 유형

체크인 방식은 다음과 같은 방법을 통하여 진행할 수 있다.

① 수동 체크인

대부분의 항공사는 Departure Control System(DCS)이라고 부르는 자동 수속 시

스템을 사용하여 승객 수속을 진행한다. 이러한 DCS는 사용하는 공항과 항공사마다 다양하게 적용된다.

그러나 시스템이 정상으로 작용하지 않을 경우, 예를 들어 갑작스러운 전력 차단 및 추가 항공기 운영 등은 수동으로 탑승 수속을 진행하는 경우를 발생시키기도 한다.

이러한 경우, 공항 직원은 효율적이고 빠른 일 처리를 진행하기 위해 수동 탑승 수속의 업무 절차를 잘 숙지하고 있어야 한다.

수동 수속 방식은 공항마다, 항공사의 요청에 따라 각각 다른 방식으로 진행되며, 해당 도시의 공항에서 적용하는 절차에 따라 공항 직원을 숙련되게 훈련시키는 것이 무엇보다도 중요하다.

수동으로 탑승 수속을 진행할 때 사전에 준비해야 할 서류 및 목록은 다음과 같다.

- 일련 번호 순으로 나열된 탑승객 리스트
- 항공편, 출발 날짜 및 목적지, 탑승구가 찍힌 탑승권
- 수하물 태그
- 항공기 좌석 배치도
- 승객 정보 목록과 특별 서비스 요청 목록
- 항공기의 허용 중량 및 탑승객 수와 수하물 기록지

2 DCS 자동 체크인

공항 내에 설치된 컴퓨터의 DCS 기능을 사용하여 진행되는 방식이다.

DCS는 승객별 좌석 번호를 할당하고 수하물 태그와 탑승권을 인쇄한다. DCS 내에는 승객의 항공편, 목적지 및 승객별 관련된 다양한 정보 및 특별 요청된 서비스가 포함된다. 모든 승객에게 제공되는 서비스 관련 문서를 생성하여 필요한 부서와 객실 승무원에게 전송한다.

🐚 그림 5-1_ DCS를 사용한 수속 진행

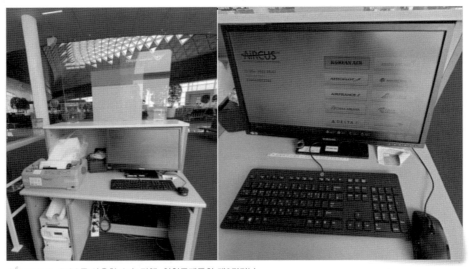

🐚 그림 5-2_ DCS를 사용한 수속 진행, 인천국제공항 제2터미널

🍥 그림 5-3_ DCS를 사용한 수속 진행, 인천국제공항 제2터미널

③ 공항 외부 체크인

승객이 편리한 장소와 시간에 항공편에 체크인할 수 있도록 항공사에서는 공항 외부에 수속이 가능한 서비스를 제공하기도 한다.

공항 밖 체크인 방식에는 다음과 같은 방식이 포함된다.

1) 인터넷을 통한 항공사 사이트 내의 온라인 체크인 방식

인터넷이 연결된 PC를 통해 항공사 웹사이트를 방문하여 탑승 수속을 진행한다.

🍥 그림 5-4_ 웹사이트를 통한 온라인 체크인 방식(대한항공 웹사이트)

2) 휴대 전화를 통한 모바일 체크인 방식

휴대 전화 체크인을 통해 항공사는 2차원(2D) 바코드를 승객의 휴대 전화, 개인 정보 단말기 또는 스마트폰으로 직접 보낼 수 있다. 승객은 예약 시 항공사에 휴대폰 번호를 등록하기만 하면 2D 바코드가 포함된 문자 메시지나 다운로드 지침을 받을 수 있다. 바코드가 탑승권이 되어 모바일 기기의 화면에서 직접 읽어 탑승 수속 과정에서 종이를 사용하는 서비스를 적용하지 않는다.

❶ 예약 조회

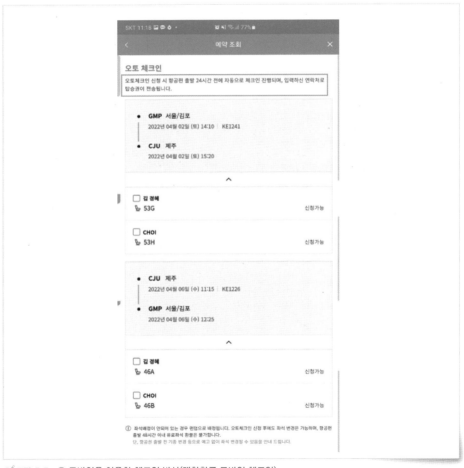

✐ 그림 5-5_ ① 모바일을 이용한 체크인 방식(대한항공 모바일 체크인)

② 체크인 승객 선택 및 좌석지정

🌀 그림 5-6_ ② 모바일을 이용한 체크인 방식(대한항공 모바일 체크인)

③ 체크인 진행 및 모바일 탑승권 발행

🌀 그림 5-7_ ③ 모바일을 이용한 체크인 방식(대한항공 모바일 체크인)

4 키오스크 체크인

셀프서비스 체크인 방식인 키오스크를 이용한 체크인 서비스는 승객이 직접 체크인하고 자신의 탑승 카드와 수하물 태그를 발급할 수 있는 기계이다.

키오스크는 크게 두 가지 유형으로 구분하게 되는데, 하나의 항공사에 대한 셀프서비스 체크인을 용이하게 하는 특정 항공사 전용 키오스크와 승객이 공항 내 동일하게 사용되는 공유 키오스크를 사용하여 여러 항공사에서 체크인할 수 있도록 설계된 공용 키오스크이다. 셀프서비스 체크인 키오스크는 일반적으로 공항 체크인 구역에 설치되어 있지만 호텔과 같은 공항 밖 위치에서도 찾을 수 있다.

코로나 이후의 항공사는 DCS를 통한 수속 방식에서 점차적으로 셀프서비스 체크인 방식으로 변화하고 있다. 이러한 셀프서비스 체크인 방식은, 승객으로 하여금 원하는 서비스를 직접 선택하여 수속 진행을 할 수 있게 하며, 무엇보다도 승객의 대기 시간을 절약할 수 있다. 이를 통해 승객과 항공사는 보다 효율적인 서비스와 비용 절감이라는 효과를 얻을 수 있다.

🐚 그림 5-8_ 키오스크를 사용한 수속 진행

🌀 그림 5-9_ 공항 외부에 있는 키오스크

5 항공사 소유 셀프 체크인 키오스크

특정 항공사의 승객이 셀프 체크인 기능을 수행하도록 설계되어 있으며, 일부 키오스크는 수하물 태그 인쇄 기능도 동시에 제공한다. 이때 추가 수하물이 발생될 경우 신용카드 결제를 통해 수하물 요금을 징수할 수도 있다.

🌀 그림 5-10_ 특정 항공사의 키오스크를 사용한 수속 진행

6 CUSS(Common Use Self-Service) 체크인 키오스크

- CUSS 체크인 키오스크는 공항에서 항공사들에게 유료로 서비스를 제공하며, 참여 항공사는 이 시설을 사용하여 승객 수속 서비스를 진행할 수 있다.
- 공항 내 계약 항공사와 공유하므로 특정 항공사 단독으로 사용하지 않는다.
- 수하물 유무에 관계없이 승객의 셀프 체크인이 가능하며, 이 키오스크 혹은 별도의 수하물 셀프서비스 시스템을 통해서 승객은 수하물을 체크인하고 태그를 직접 부착할 수 있으며, 신용카드로 추가 요금을 지불할 수 있다.

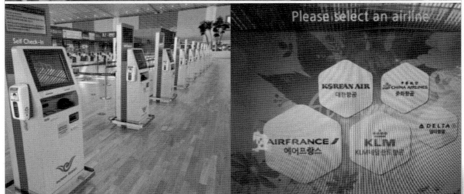

그림 5-11_ CUSS 키오스크(공용 키오스크), 인천국제공항 제1터미널(위), 제2터미널(아래)

◎ 그림 5-12_ CUSS 키오스크 사용 시 여권 인식 부분(위) ◎ 그림 5-13_ 셀프 체크인을 통한 수하물 수속 방식
탑승권 출력 부분(아래)

◎ 그림 5-14_ 자동 수하물 위탁

7 ## 연결편 수속 Through Check-in

수속 방식 중 '스루 체크인 Through Check-in' 방식은 출발지에서 승객의 전체 여정에 대해 체크인하는 것을 의미한다. 일반적으로 최종 목적지까지 24시간 이내 연결편이 있는 경우에 적용되며, 동일 항공사 내의 연결편 수속이나 타 항공사와의 연결편 수속 모두 진행이 가능하다.(타 항공사와의 Through Check in 방식은 항공사 간의 정산 계약이 완료되어 있을 경우에만 가능하다.)

승객은 수속 진행 시,

- 선호하는 좌석을 배정받고,
- 연결 항공편에 대한 탑승권을 동시에 제공받을 수 있으며,
- 최종 목적지까지 수하물을 수속하게 된다.

Through Check-in의 장점은 다음과 같다.

- 연결편 탑승객은 최초 수속 시 1번만 탑승 수속 카운터에 가면 된다.
- 연결편의 수속을 먼저 진행하게 되므로 늦게 체크인하는 환승역의 현지 출발 승객들에 비해 연결 항공편의 좌석을 먼저 선택할 수 있다.
- 승객은 출발지에서 최종 목적지까지 수하물을 위탁할 수 있으므로, 중간 경유지에서 수하물을 재수속할 번거로움이 없다.

2. 체크인 카운터 요건

체크인 카운터는 항공사와 승객이 만나는 첫 번째 지점이며, 항공사의 이미지와 서비스를 체크인 카운터와 수속 담당 직원을 통해 판단하기 쉬우므로 항상 질서와 전문성을 주는 인상을 줄 수 있어야 한다.

체크인 카운터는 다음과 같이 준비되어야 한다.

- 단정하고 깨끗하여야 한다.

- 잘 정돈되어 있어야 한다.
- 수하물 이름 표기 태그, 위험물 정보 등 필요한 모든 자료를 갖추고 있어야 한다.

그림 5-15_ 체크인 카운터의 전경, 인천국제공항 제2터미널(위), 제1터미널(아래)

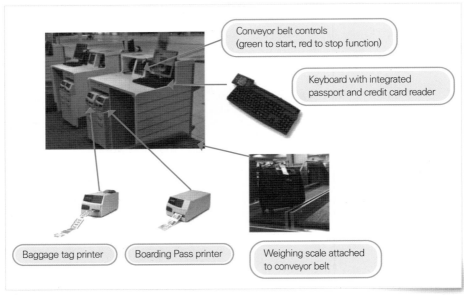

Conveyor belt controls
(green to start, red to stop function)

Keyboard with integrated
passport and credit card reader

Baggage tag printer

Boarding Pass printer

Weighing scale attached
to conveyor belt

◎ 그림 5-16_ 체크인 카운터의 DCS 설치 모습

수속을 시작하기 전에 PGSA는 항공편 수속에 필요한 모든 시스템과 장비가 사용 가능한 상태인지 확인해야 한다. 탑승권 출력기나 수하물 태그 출력기 등 '표준 체크인 카운터 장비'로 식별된 품목이 사용 불가능한 것으로 확인되면 가능한 빨리 보고하고 수속 시 사용할 수 있도록 사전에 준비해야 한다.

① 수속 진행 전 확인해야 하는 체크리스트

- 수하물 태그가 출력 가능하도록 준비되어 있다.
- 탑승권이 탑승권 프린터에 출력 가능하도록 준비되어 있다.
- 여권 판독기가 잘 작동하고 있다.
- 위탁 수하물과 기내 수하물에 부착하는 이름과 연락처를 기입하는 라벨이 준비되어 있다.
- 펜과 사용 가능한 문구류가 준비되어 있다.
- 체크인하는 항공편에 대한 정보, 항공기 출발 시간, 항공기종, 적용되는 기내 서

비스, 비행 시간, 경유지 등을 사전에 확인한다.

- 항공편에 특별 승객이 예약되었는지를 확인한다.
- TIMATIC, 혹은 승객 서비스 매뉴얼 등 다양한 정보 확인 시스템에 접근할 수 있는지 확인한다.
- 수속 데스크가 깨끗하고 잘 정돈되어 있는지 확인한다.
- 수하물 무게를 확인하는 저울이 제대로 작동하는지 확인하고, 문제가 생겼을 경우 책임자에 연락하여 조치를 취한다.

2 수속 데스크의 필수 확인 사항

1) 체크인 카운터의 안내 자료

모든 체크인 카운터에는 승객에게 안내하여야 하는 중요 안내문 자료가 구비되어 있어야 한다.

- 위탁 수하물 또는 휴대 수하물로 금지된 위험 물품
- 항공편 지연 및 취소 시 승객의 권리

이 정보는 모든 체크인 또는 발권 카운터, 라운지 및 수하물 찾는 곳에서 포스터 혹은 안내문 형태로 제공되어야 한다.

그림 5-17_ 체크인 카운터 안내문

2) 체크인 시 탑승 클래스의 구분

퍼스트 클래스 체크인 또는 프리미엄 클래스 통합 체크인 카운터(퍼스트 및 비즈니스 클래스)는 항공사 서비스 정책에 명시된 요구 조건(에 꽃과 카펫, 쇼파 및 테이블 등)을 갖추고 있어야 한다.

또한 탑승 클래스와 관련된 프리미엄 클래스 전용 서비스가 체크인 카운터에서 제공되어야 한다.(에 공항 내 라운지 사용 카드, 특정 문구나 디자인이 되어 있는 보딩패스)

3) 직원 요구 사항

체크인은 반드시 해당 항공편 제복을 입은 자격을 갖춘 직원이 수행해야 하며, 단정하고 깔끔해야 한다.

일반적으로 자격을 갖춘 직원을 다음과 같이 정의한다.

- 운항 항공사의 철학, 서비스 상품 및 서비스 절차에 대해 매우 잘 알고 있는 직원
- 높은 수준의 서비스와 승객 지향성을 지니고 승객에게 올바른 서비스와 규정을 안내할 수 있는 직원
- 일등석 및 비즈니스석 승객을 위한 전문적인 서비스를 제공할 수 있는 직원 배정
- 영어 소통과 현지 언어에 능통한 직원 배정

그림 5-18_ 항공사 유니폼을 입은 직원

❸ PGSA의 건강과 안전에 영향을 미치는 요인

공항 내에서의 수속 업무는 많은 항공편에 대한 수속 진행과 예기치 못한 불규칙한 상황으로 인해 업무 강도가 높은 편이다. 또한, 성수기에는 여객 수송량이 급증하게 되고, 이러한 상황에서 PGSA는 업무 대처 및 안전 조치를 준수해야 한다.

PGSA는 다음과 같은 지침을 통해 본인의 건강과 안전을 관리할 수 있다.
- 체크인 카운터에서 민감한 전자 장비를 사용하게 될 경우 너무 많은 전자파에 노출되지 않도록 주의해야 한다.
- 무거운 짐을 들 때 도움을 받아야 한다. 예를 들어 무게가 23kg 이상인 가방을 무리하게 들어 올릴 경우 신체에 무리가 갈 수 있다.
- DGR(Dangerous Good 위험물) 유출이나 사고는 해당 지역을 격리한 후 즉시 안전 및 보안 당국에 보고해야 한다.
- 승객이 제시한 수하물의 상태가 양호한지(즉, 손상되거나 과도하게 포장되지 않았는지) 확인하여야 한다.
- 지속적인 X레이 노출을 피한다.

❹ 상용 고객 우대 프로그램

상용 고객 프로그램(FFP; Frequent Flyer Program)은 많은 항공사에서 제공하는 로열티 프로그램이다.

일반적으로 프로그램에 등록한 항공사 고객은 해당 항공사 또는 동일한 항공 동맹체 내의 항공편 이용에 대해서 비행한 거리에 해당하는 상용 고객 마일리지(킬로미터, 포인트, 구간)를 적립받게 된다. 항공편 탑승 외에 마일을 적립하는 또 다른 방법은 항공사와 연계된 신용카드 사용 등으로 인한 마일 적립 방식이다. 최근 몇 년 동안 항공 여행보다 공동 브랜드 신용카드 및 직불카드 사용에 대해 더 많은 마일이 적립되었다. 적립된 마일은 무료 항공권, 또는 좌석 승급, 라운지 이용, 우선 예약과 같은 기타 서비스에 사용할 수 있다.

3. 승객 목록(PNL 및 ADL)

예약된 승객 목록이라고 부르는 PNL과 ADL은 특정 예약 시스템을 사용하여 예약된 항공편의 승객 목록으로 체크인 직원이 작업을 수행할 수 있도록 이름을 제공하는 승객 목록이라고 볼 수 있다.

IATA PSCRM 권장 관행 1708에서는 PNL과 ADL을 다음과 같이 명시한다.

> Recommended Practice 1708
> In order to facilitate the check-in of passengers on a flight, airlines shall use the Passenger Name List(PNL) and Additions and Deletions List(ADL).

탑승 항공편의 승객 체크인을 용이하게 하기 위해 항공사는 승객 이름 목록(PNL-출발 3일 전 승객 목록)과 추가 및 삭제된 승객 목록(ADL-출발 1일 전 최종 승객 목록)을 효과적으로 사용해야 한다.

PGSA는 시스템에 표시된 목록에서 승객을 선택하고 필요한 모든 정보를 입력하여 체크인 작업을 수행하게 되며, 이러한 PNL(승객 이름 목록)에서 표기되는 정보는 다음과 같다.

1) PNL(출발 3일 전 승객 이름 목록) 표기 정보

- 목적지 및 탑승 클래스별로 지정된 알파벳 순서의 승객 이름
- 탑승 클래스당 예약된 총 승객 수(대기 승객 제외)
- 모든 승객의 PNR(승객 예약 기록)
- 연결 항공편 정보
- 특별 서비스 요청 사항(SSR: Special Service Request)
    - **예** UM(비동반 소아서비스 요청), WCHR(휠체어 서비스 요청), BBML(유아식 신청) 등
- 기타 서비스 정보(OSI: Other Service Information)
    - **예** CHILD, INFANT, VIP 등
- 동일한 승객 이름이 있을 경우 다른 승객임을 확인하는 표기
- 승객 여권 정보(API: Advanced Passenger Information)
    - **예** 여권 번호, 여권 발행 국가 및 도시, 여권 만료일 등
- 전자 항공권 정보
- 상용 고객 정보

2) PNL(승객 명단) 진행 방식

- 항공사 예약 시스템은 정해진 시간에 정해진 메일 혹은 시스템 주소, 프린터 등으로 PNL을 발송하도록 프로그래밍되어 있다.
- 탑승 준비를 위해 권한이 있는 사용자가 PNL을 확인할 수 있으며, PNL은 화면에 표시되거나 텔렉스 메시지(Telex Message: SITA 코드를 사용하여 항공사 간 메시지 전달을 하며, 지정된 프린터를 통해 메시지 출력이 가능)를 통해 발송될 수 있다.
- 항공사 소유 DCS 시스템 내에서 PNL은 자동 업데이트된다.

3) ADL(최종 변경된 승객 명단) 진행 방식

항공기 출발 1일 전 최종적으로 ADL(추가/삭제/변경 목록)을 확인해야 하며, ADL 내에는 다음과 같은 기능이 적용된다.

- ADD(추가): PNL에 새롭게 추가된 예약 목록
- DEL(삭제): PNL에서 삭제된 예약 목록
- CHG(변경): PNL에서 변경된 예약 목록

ADL은 출발 전 특정 시간에 동일한 SITA 주소(항공사 및 담당 부서를 코드화시킨 용어)로 전달되며, 이 목록을 통해 최종 탑승객 목록을 확인할 수 있다.

그림 5-19_ SITA 주소 표기의 예

다음 그림은 미리 정해진 시간에 자동으로 예약 시스템에서 항공사의 DCS 시스템으로 업로드된 PNL이며, 목록 내에는 특별 서비스 요구 사항 코드(SSR) 및 기타 서비스 정보가 동시에 기록되어 있다.

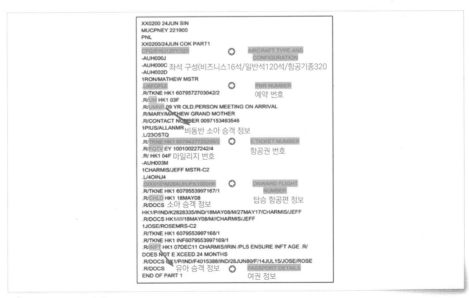

그림 5-20_ PNL 예시

4. 체크인 시 주의할 점

1 금지 품목 확인

항공사와 공항 모두 항공권 발권 장소, 승객 체크인 장소, 항공기 탑승 장소, 수하물 찾는 장소에 탑승 시 반입이 제한된 물품에 대한 정보를 표시할 책임이 있다. 항공기 기내 운송이 금지된 위험물의 표기는 다음 그림과 같이 반드시 시각적인 정보가 포함되어야 한다.

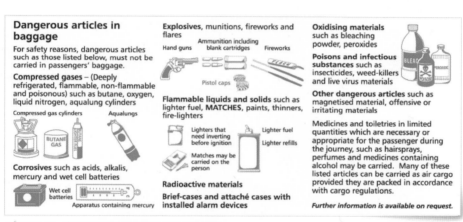

🌀 그림 5-21_ 기내 반입 금지 위험 물품 목록 표기 방식

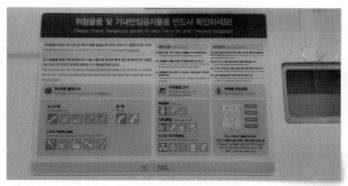

🌀 그림 5-22_ 체크인 데스크에 부착되어 있는 위험 물품 정보

출처: 항공보안 365

🌱 그림 5-23_ 기내 반입 금지 물품 목록

❷ 보안 질문

보안 안내문은 항공사의 모든 체크인 데스크에 제공되어야 한다. 보안 질문은 출발하는 승객에게 구두로 제공되거나 보안 질문 목록으로 고지되며, 승객이 질문을 이해했는지 반드시 확인해야 한다.

🌐 보안 질문의 예

Before your baggage is accepted at check-in, you must answer YES or NO to the following questions.

• Is this your bag and did you pack it yourself?
• Are you certain that there is no item in it which you did not pack?
• Are you certain that there is nothing in your possession that you have been asked to carry for another person?
• Were your bags under your supervision from the time of packing until now?

If the answer is "NO" to any of the questions, the bag must be searched. Before a passenger is referred to Security for searching or screening, additional questions must be asked to clarify the situation. Once you are satisfied that the baggage does not pose a risk you may proceed with checkin.

체크인 시 수하물을 위탁하기 전에 다음과 같은 내용을 확인해야 한다.

• 본인 소유의 가방이며 직접 가방을 포장하였습니까?
• 본인이 포장하지 않은 품목이 가방 내에 없습니까?
• 다른 사람으로부터 휴대하도록 요청받은 물건이 없습니까?
• 가방을 포장할 때부터 지금까지 모두 본인이 확인하였습니까?

위 보안 질문 중 하나라도 "아니오"인 경우 가방을 검색해야 하며, 이를 위해 보안 팀의 협조를 받을 수도 있다. 수하물이 위험하지 않다고 판단되면 체크인을 진행할 수 있다.

5. 액체류 반입 규정

　UN의 항공 표준 제정 기구인 국제민간항공기구(ICAO; International Civil Aviation Orga-nization)는 액체, 에어로졸 및 젤의 운송에 대한 지침을 다음과 같이 정의한다.

　ICAO의 현재 제한 사항은 최대 용량이 1리터인 투명한 밀봉 가능한 비닐 백에 넣어야 하며, 각 용품이 100ml 용기 또는 이에 상응하는 것이어야 한다고 규정하고 있다. 보안 검색대 통과 시 비닐봉지는 다른 휴대품과 분리하여 제시해야 한다.

　기내 수하물의 경우 최대 100ml까지의 모든 액체, 젤 및 에어로졸은 투명 용기에 담아 휴대할 수 있으며, 밀봉 가능한 비닐 봉지(비닐 봉지의 크기는 20cm × 20cm를 초과해서는 안 됨)는 최대 용량을 1리터로 제한한다.

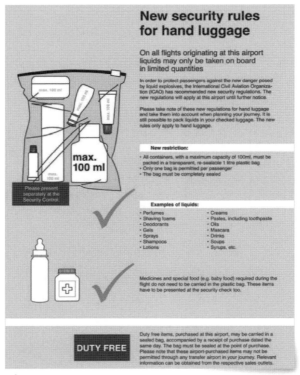

　그림 5-24_ 액체류 반입 규정 표기

100ml를 초과하는 용기는 일부만 채워도 허용되지 않는다.

모든 물품은 밀폐된 가방에 편안하게 들어갈 수 있어야 하며 보안 검색을 위해 별도로 분리하여 제시해야 한다.

기내 수하물로 허용되는 품목이 확실하지 않은 경우 승객에게 위탁 수하물에 넣도록 권장한다.

보안 검색 직원은 액체, 에어로졸 또는 젤을 구성하는 항목을 결정하고 반입을 제한할 권한이 있으며, 환승 공항에서의 면세 물품 구입 시 액체류 구입의 경우는 입국 시 압수될 가능성이 있으므로, 최종 목적지 직전의 마지막 출발지를 제외하고 이전 환승 공항 내의 면세 구역 등에서는 액체류 구매를 제한하는 것이 좋다.

의약품(의료 진단서 또는 처방전과 같은 문서 첨부)에 대한 예외가 있을 수 있으며, 유아용 우유/식품 또는 건강상의 특수 식이 식품도 부분 허용될 수 있다.

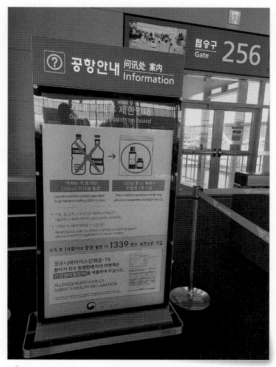

🌀 그림 5-25_ 탑승구에 표기된 액체류 반입 규정

6. 좌석 배정

모든 항공기 기종의 좌석 배치도는 항공사 체크인 시스템 및 예약 시스템에도 저장된다. 수속 시 모든 승객은 좌석을 배정받으며 2세 이상의 모든 승객은 좌석을 점유해야 한다.

🐌 그림 5-26_ 항공기 좌석 구조-Narrow body

특정 좌석을 요청하는 승객이 있을 경우 좌석 지정에 최대한 주의를 기울여야 한다. 특히, 비동반 소아(UM: Unaccompanied Minor), 영유아(Infant)를 동반한 성인 승객, 소아 승객(Child), 몸이 아프거나 거동이 불편한 승객은 항공사의 좌석 정책에 따라 우선 좌석을 배정받으며 게이트 탑승 시에도 우선 순위를 부여받는다.

1 비상구 좌석 Emergency Exit Rows

비상구에 인접한 좌석은 비상 시 승무원을 도와 대피 작업을 수행하거나 지원할 수 있는 건장한 성인(18세 이상)에게 할당되어야 하며, 이 좌석은 사전 지정되지 않는다.

체크인 직원은 이 좌석을 지정하기 전에 승객이 좌석의 목적에 적합한지 물리적으로 확인해야 하며, 승객에게 발생할 수 있는 비상 상황의 가능성과 승객의 역할에 대하여 정보를 제공해야 한다.

비상 상황이 발생할 경우 항공기 대피 시 방해가 될 수 있으므로, 다음과 같은 유형의 승객에게는 비상구 좌석 지정을 허용하지 않는다.

- 어린이 및 유아(동반 여부 불문)
- 장애인 승객(시각 장애인 포함)
- 임산부
- 노약자 및 이동에 제한이 있는 승객
- 추방자 또는 구금된 수감자
- 애완동물을 동반한 승객

7. 탑승 수속 진행

승객 수속 절차는 효과적인 고객 서비스와 다양한 정보 확인을 수행하기 때문에 매우 복잡하다.

일반적인 탑승 절차 시 가장 기본적으로 수행해야 할 작업은 다음과 같다.

- 발급하기 충분한 수량의 탑승권, 수하물 태그, 기내 수하물 태그 등의 여부를 확인해야 한다.
- 승인되지 않은 사람의 접근을 방지하기 위해 안전한 장소에 보관해야 하며, 오용 및 보안에 주의하여야 한다.

체크인 진행은 크게 두 가지 주요 작업으로 구성된다.
❶ 승객의 전자 항공권 확인, 출입국 국가에 필요한 여행 서류 확인 및 보딩패스 발급
❷ 수하물 수속
- 위탁 수하물의 상태 확인 및 수하물 태그 부착

🌀 그림 5-27_ 승객의 탑승 수속 진행

- 승객별 수하물 확인과 주소 및 연락처 기입 확인
- 수하물의 개수와 무게 확인
- 최종 목적지 확인 및 무게나 개수 초과 시 추가 금액 징수

PGSA는 수속 시 다음과 같은 순서에 따라 체크인을 진행한다.
- 수속 시 눈을 마주치며 밝은 미소로 승객을 응대한다.
- 전자 항공권 판독 및 예약 확인 혹은 PNL, ADL을 확인한다.
- 비자를 포함한 여행 서류의 확인을 진행한다.
- 가방과 휴대 수하물의 무게 및 개수를 확인한다.
- 수속 수하물과 휴대 수하물의 크기와 무게가 수속 항공사에서 설정한 규정의 조건을 충족하는지 확인하고, 무료 수하물 규정을 초과할 경우 추가 비용을 징수한다.
- 보안상 문제점이 있는지 확인하고 위조 문서를 식별한다.
  보안 질문을 통하여 위험물을 반입하는지 확인한다.
- 상위 클래스 승객의 위탁 수하물에 '우선순위(Priority Tag)' 태그 등을 붙여 차등 서비스를 제공한다.
- 수하물을 이동시키다.
- 승객의 이름과 좌석 번호가 포함된 보딩패스를 발급한다.

① 체크인 절차

1) 승객에게 인사

승객을 맞이할 때는 승객에게 주의를 기울이는 것이 절대적으로 중요하다. 눈맞춤을 유지하여야 하며, 모든 서비스 진행은 처음부터 끝까지 눈맞춤을 통하여 승객과의 소통이 진행된다.

서비스 진행 도중 탑승 수속 직원이 동료와 사적인 이야기를 하거나, 다른 일을 진행하여 승객을 기다리게 놔두어서는 안 된다. 예를 들어 이전 승객의 업무를 완료하는 등 서비스 지연이 불가피한 경우에는 사전에 지연에 대해 사과하고 잠시 후에 처리될 것이라고 승객에게 서비스 진행의 순서에 대해 제시해야 한다.

2) 항공권 확인

승객의 체크인을 진행할 때 다음과 같은 기본 규칙을 항상 준수해야 한다.
- 항공권의 이름과 승객의 여권 이름이 일치하여야 한다.
- 항공권의 이름과 여권 이름이 다를 경우 새 항공권을 발행해야 한다.
  이때, 기존 항공권은 환불 접수를 진행하고 예약과 발권을 새롭게 진행하므로 항공권의 금액이 차이가 날 수 있다.
- 항공권은 다른 승객에게 양도될 수 없다.
- 좌석 비점유 유아 승객을 포함한 모든 승객은 유효한 티켓을 소지해야 한다.
  항공권의 유효 기간과 확약된 예약이 있어야 하며, 예약과 항공권 번호가 연결되어 있다.
- 한 명 이상의 승객을 체크인할 경우 체크인 시 모든 일행이 함께 있는지 확인한다.

IATA에서는 유아 및 어린이 요금 적용 연령 제한을 각각 유아 항공권의 경우 최대 2세, 어린이 항공권의 경우 최대 12세로 정의한다. 출발일 기준으로 유아 및 어린

이의 생년월일이 만 2세, 12세를 넘지 않아야 하며, 탑승 수속 시 여권의 생년월일을 반드시 확인하여야 한다.

만약, 유아 및 어린이의 조건이 충족되지 않았으나 유아 및 어린이의 항공권을 소지하였을 경우, 발생하는 비용은 해당 항공사에서 새로운 항공권을 발행하여 추가 지불하는 방식으로 진행한다.

3) 항공권 조회

승객이 항공편에 대한 확정된 예약을 보유하지 않고 체크인을 원하는 경우 PGSA는 전자 항공권 기록을 주의 깊게 확인하여 해당 항공권이 해당 항공편에 유효한지 확인해야 한다. 항공권 운임은 재예약을 허용하지 않을 수도 있고, 허용하더라도 변경 수수료를 지불한 후에만 가능할 수 있으므로 항공권의 운임 조건을 확인해야 한다.

4) 승객 및 수하물 수속 승인

승객들은 셀프서비스 체크인 키오스크를 사용하여 탑승권과 수하물 태그를 인쇄

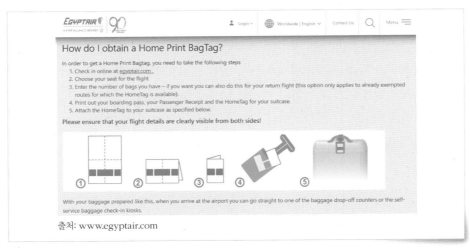

출처: www.egyptair.com

🐚 그림 5-28_ 수하물 태그 인쇄 방법

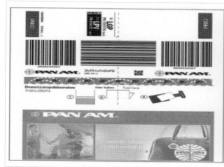

그림 5-29_ 셀프 수하물 태그 인쇄

하는 경우도 있다. 이 절차를 완료한 후 승객은 PGSA가 관리하는 수하물 위탁 카운터로 이동해야 할 수도 있다.

몇몇 항공사는 '집에서 수하물 태그 인쇄' 기능을 도입하기도 하며, 온라인 체크인 과정에서 승객은 '집에서 인쇄한 수하물 태그' 옵션을 선택하고 체크인할 수하물 수를 입력하게 된다.

시스템은 각 수하물 태그를 A4 문서로 발행하고 인쇄한 후 두 번 접어서 바코드가 양면에 보이도록 한다.

모든 항공사가 키오스크를 이용한 체크인이 가능한 것은 아니므로, 셀프서비스 키오스크를 통해 체크인 절차를 완료할 수 없는 경우에 승객은 기존 체크인 카운터를 사용하여 위탁 수하물을 체크인해야 하며, PGSA는 다음 순서에 따라 진행해야 한다.

② PGSA의 수속 절차 순서

① 승객에게 수정 또는 추가할 데이터를 요청하고 항공편에서 승객 탑승을 수락한다.(예 선호하는 좌석 또는 항공사의 상용 고객 번호 업데이트)
여권을 통한 승객의 신원 확인을 하며, 신분 증명을 할 수 없는 승객은 탑승 불가하다.

② 수하물의 개수 및 무게를 DCS에 입력한 후 시스템에서 자동으로 수하물 태그를 인쇄하고 위탁 수하물 개수가 탑승권에 반영된다.

③ 해당되는 경우 연결편 수속 Through-check-in을 진행한다.

④ 탑승권과 수하물 태그를 인쇄한다.

⑤ 승객에게 출발 게이트, 탑승 시간, 지연 시 예상 출발 시간(ETD)에 대해 알린다.

🌐 PGSA의 수속 절차 순서

Step	Actions
1	Ask the passenger for any data to be modified or added and accept the passenger on the flight(e.g., seat preference, or updating of frequent flyer number in the DCS). Note: If you have started the passenger acceptance with · the ticket number or · the manual search It is necessary to check the passenger's identity with the help of a passport. Passengers who cannot prove their identity must not be accepted.
2	An entry for baggage edit is required in DCS along with the number of pieces and weight. The system automatically prints the baggage tags and the number of checked baggage will be reflected in the boarding pass.
3	Through-check the passenger, if applicable.
4	A boarding pass and, in case the passenger has not yet received it, the itinerary receipt will be automatically printed.
5	Hand over the boarding pass, baggage tag stubs and other travel documents to the passenger and inform the passenger about departure gate, boarding time and, in case of delay, about the Estimated Time of Departure(ETD).

항공사와 공항도 셀프서비스 수하물 위탁 카운터를 도입하고 있으므로, 키오스크와 셀프서비스를 이용한 승객의 수속 진행 시 PGSA는 승객의 원활한 수속 진행을 위한 보조 역할을 하게 된다.

3 바코드 탑승권

바코드 탑승권은 IATA 산업 표준 2D 바코드를 사용하여 기존 탑승권의 마그네틱 띠에 이전에 기록된 탑승 정보를 기록한다. BCBP(Barcoded Boarding Pass)는 탑승권

🐚 그림 5-30_ 바코드 종이 탑승권

에 인쇄되거나 전자 탑승권을 위해
휴대폰으로 전송되는 2차원(2D) 바
코드를 의미하며, IATA는 업무 단
순화 프로그램의 일환으로 2010년
까지 모든 탑승권에 바코드를 부착
하기로 하였다. 이를 통해 승객은 좀
더 편안하고 빠른 서비스를 제공받
을 수 있게 되었다.

BCBP는 승객이 집에서 탑승권
을 인쇄한 후 공항에서 수하물 위탁
을 진행할 수 있도록 여행의 진행
과정을 좀 더 단순화하는 데 기여를
하였다.

🐚 그림 5-31_ 바코드 모바일 탑승권

4 체크인-마감 안내

탑승권을 배부하며, 항공권을 반환할 때 승객에게 다음과 같이 중요한 정보에 대
해 반복적으로 정보를 전달해야 한다.

❶ 승객의 주의를 끌기 위해 승객의 이름을 반복하여 강조한다.

예를 들어, "Mr./Ms (승객 이름), 여기 티켓이 있습니다. 항공권에 (목적지)까지 수하물 라벨을 붙였습니다. 이를 통해 승객 이름과 수하물 태그가 제대로 발행되고 승객은 자신의 여정을 재확인할 수 있다.

❷ 여정이 국제선에서 국내선으로 변경되는 경우, 승객에게 수하물은 해당 국가에 처음 입국할 때 세관에서 통관되어야 함을 상기시켜야 한다.(특별 규정이 적용 된다거나 목적지 국가가 국내선 연결편을 사용할 경우에도 최종 목적지에서 통관을 허용하는 경우는 제외)

❸ 탑승권을 발행할 때 승객에게 항공편 번호와 출발 게이트 번호를 명확하고 간략하게 알리고 항공편에 탑승 마감 시간을 알려준다.

8. IATA One ID

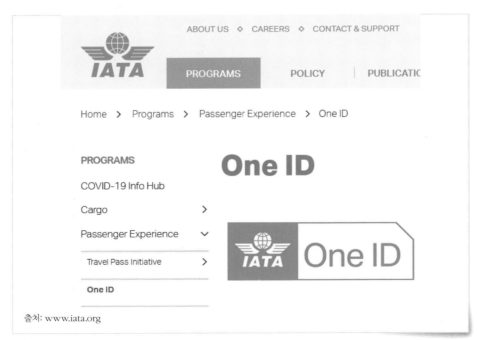

출처: www.iata.org

그림 5-32_IATA One ID

2019년 6월 IATA 연차 총회가 대한항공 주최로 서울에서 개최되었으며, 채택된 5가지 결의안 중 1가지가 바로 생체 인식을 통한 수속 간소화 시스템이다.

One ID는 승객의 생체 식별 정보, 즉 얼굴 인식, 지문 인식, 홍채 인식 등을 통하여 여권, 탑승권 등 종이 서류 없이 수속이 간편하게 이루어지는 시스템이다.

국내선의 경우 생체 정보를 1회만 등록하면 이미 등록된 생체 정보를 통하여 지문 인식으로 신분 확인이 가능하게 되었다.

인천공항의 경우 One ID 도입을 위해 스마트 패스 사업이 진행되고 있으며, 생체 정보를 통한 승객의 확인을 국제선으로 도입하는 것이 목표이다.

IATA One ID는 다음과 같은 절차 순으로 진행된다.

❶ Ready to fly: 여행 준비

❷ Bag Drop: 수하물 위탁

❸ Security Screening and Access to the Security Restricted area:
   보안 검사 및 제한 구역 통과

❹ Outbound border controls: 출국 심사

❺ Boarding: 탑승

❻ Inbound border controls: 입국 심사

❼ Return trip ready to fly: 돌아오는 항공편 준비

One ID 도입을 통하여 승객과 항공사 및 공항은 다음과 같은 혜택을 누릴 수 있게 된다.

❶ 서비스 향상 Improvement
   승객의 여행 경험을 질적으로 향상시킬 수 있다.

❷ 효율성 Efficient
   업무 처리량의 증대로 인하여 승객에게 보다 신속한 서비스 제공 및 인력의 감소를 통한 항공사 및 공항의 비용을 감소시킬 수 있다.

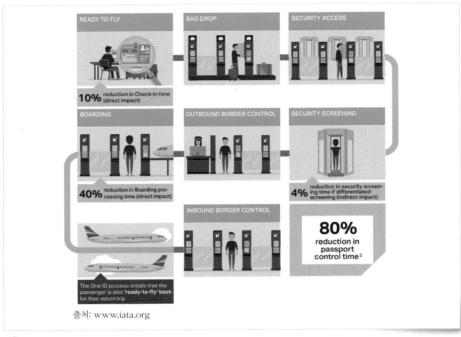

출처: www.iata.org

🌀 그림 5-33_ IATA One ID 적용 절차

③ 보안성 Secure

출입국 관리 및 공항의 보안과 안전을 보다 용이하게 처리할 수 있다.

④ 부가적 혜택

정부가 요구하는 승객 정보(API: Advanced Passenger Information) 전달 등 데이터 확보 및 공유가 용이하다. 정부 기관 또한 항공사가 정확한 정보를 전달하지 못하였을 경우 이에 대한 벌금을 부과하고 승객의 출입국을 제한할 수 있다. 항공사는 이러한 승객을 사전에 추방하거나, 탑승이 거부될 수 있는 승객에게 벌금을 청구할 수도 있다.

One ID는 항공사 및 관련 기관들이 유효한 승객의 정보를 신속하고 정확하게 전달받아 효율적인 업무 진행뿐 아니라 비용을 절감하면서 제한 시간 내에 많은 정보를 제공할 수 있도록 한다.

9. 전자 바우처 EMD

EMD(Electronic Miscellaneous Document)는 항공사의 좌석 판매 이외의 부가적인 서비스 판매에 대한 수익을 문서화하고 추적하는 데 사용되는 IATA(International Air Transport Association) 표준 문서이다. 종이 항공권의 시기에 동일하게 MCO(Miscellaneous Charges Orders)라는 이름으로 종이 문서가 발행되었으나, 전자 항공권(E-ticket)의 시기에 맞추어 전자 MCO, 즉 EMD로 변화하였다.

EMD는 2009년 IATA 이사회에서 승인한 e-services라는 IATA 비즈니스 단순화 프로그램의 일부로 시작되었으며, 항공권 좌석 판매를 제외한 다양한 부가 서비스의 판매를 통한 수익을 독려하고 전산화시키는 목적으로 도입되었다. 이를 통해 항공권 발권 과정에서 종이 문서가 사라지게 되었고, 성장하는 항공 산업에서 항공사의 수익 구조를 보다 다변화시키는 데 일조하였다.

EMD는 IATA가 항공사가 제공하는 선택적 서비스 또는 부수적인 수익에 대한 전자 항공권의 형태이며, 여기에는 위탁 수하물, 기내식, 기내 인터넷 서비스 및 추가 비용 없이 제공되었던 기타 서비스 등이 유료화되어 포함될 수 있다.

항공사에서 발행하지만 항공료 이외의 서비스에 대해 지불하는 방식이며, 항공사, 호텔 및 여행사에서 제공하는 대부분의 서비스를 구매하는 데 사용할 수 있다. 전자 항공권과 마찬가지로 EMD는 항공사마다 각각 다양한 특정 서비스에 대해 발급하거나, 그에 따른 규정에 영향을 받으며, 다음과 같이 2가지 유형으로 구분된다.

1 독립형 EMD: EMD-S(EMD Stand Alone)

- 지상 운송(버스, 열차, 렌터카 등과 같이 항공 좌석 사용과 관련 없는 서비스)
- 보증금(여행사에서 단체 예약 진행 시 사전에 좌석 확보를 위한 예치금 형태)
- 보상서비스(다운그레이드를 통한 환불금 발생 시, 혹은 고객 불만 서비스 용도로 제공되는 현금 바우처 등)

위와 같은 서비스의 경우 전자 항공권과 독립적으로 사용되므로, 독립형 EMD를 발행하게 된다.

2 연결형 EMD: EMD-A(EMD Associated)

발행 시 전자 항공권과 연결되어 사용되며, 하나의 항공권에 대해 여러 EMD가 발행될 수 있다. 연결된 항공편의 쿠폰이 사용되면 EMD 또한 사용된 것으로 간주되며, 수하물이나 좌석 업그레이드의 경우 해당 항공편 사용과 관련되어 발행되는 경우가 많으므로 연결형 EMD가 발행될 가능성이 높으나, 이는 항공사 자체 규정에 따라 다르게 적용될 수 있다.

1) EMD 발행 사유

EMD-S는 체크인 시 전자 항공권의 쿠폰 사용으로 대체할 수 없는 기타 요금 징수에 대해 발행되므로 다음과 같은 서비스를 유료로 제공할 경우 발행된다.

① 지상 서비스

숙박, 지상 교통 서비스, 공항 픽업 서비스, 열차 예약 등

② 렌터카 및 보증금

공항 도착 후 지상에서의 렌터카 예약, 혹은 보증금, 계약금 발생 시

③ 환불 가능한 잔액

코로나 시기에 항공사들이 운영상 항공권의 환불을 지불할 수 없는 상황이 발생되었고, 이로 인해 추후 항공편이 운항할 경우 재사용할 수 있도록 EMD를 발행, 제공

④ 호텔 숙박

GDS를 통한 호텔 예약이 가능하며 호텔 바우처를 구매하는 방식으로 사용

⑤ 다양한 서비스에 대한 구매

애완 동물 운반 케이지 구매 시, 자전거 운반 상자 구매 시 등 규정에 맞는 수

① EMD 번호

② 승객 이름
③ 발행 목적
④ 지불 방식 및 금액

🌀 그림 5-34_ 라운지 사용료 지불을 위한 EMD-S의 예시

수료 지불 시(취소 수수료, 재예약 수수료, 경로 변경 수수료 등)

⑥ 탑승 거부 시 보상

EMD-S는 일반적으로 발행일로부터 1년 동안 유효하며, 코로나 시기의 항공권 환불을 대체한 EMD는 항공기 운항이 가능한 시점까지 연장되기도 하였다. EMD의 유효 기간은 항공사마다 자체 규정에 따라 다양하게 규정할 수 있다.

EMD-A는 ET(전자 항공권 Electronic Ticket)의 항공권 쿠폰과 연결되어 지불해야 하는 기타 요금 및 초과 수하물 요금의 징수 등에 발행될 수 있다. 항공권 쿠폰의 사용은 EMD 쿠폰의 사용과 연결되어 있으므로, 항공기 탑승 후에는 EMD 또한 사용 완료로 표시되게 된다.

EMD-A는 다음과 같은 서비스를 유료로 제공할 경우 발행된다.

• 초과 수하물
  해당 항공편에 적용되는 수하물이 초과될 경우이므로, 항공편 탑승이 완료되면 수하물도 위탁 완료되었다고 간주한다.
• 프리미엄 서비스에 대한 추가 비용
  기내에서의 생일 축하 케이크나 웨딩 케이크 서비스와 같은 추가 서비스에 대한 비용
• 추가 항공 운임 등과 같은 해당 항공편에 부가된 항공 운임 차액

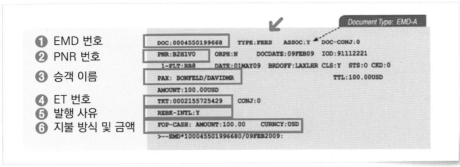

❶ EMD 번호
❷ PNR 번호
❸ 승객 이름

❹ ET 번호
❺ 발행 사유
❻ 지불 방식 및 금액

그림 5-35_ 예약 변경 수수료 지불을 위한 EMD-A 예시

❶ EMD 번호
❷ PNR 번호
❸ 승객 이름
❹ 연결된 ET 번호
❺ 수하물 개수
❻ 지불 방식 및 금액

그림 5-36_ 추가 수하물 비용을 위한 EMD-A의 예시

- 항공편과 연계된 유료 서비스

  UM 서비스(비동반 소아 서비스), 기내식(유료일 경우), 기내 산소통과 같은 특수 장비 신청, 유료 좌석 지정 등

EMD 발행은 전자 항공권과 별도로 발행되나 전자 항공권의 형태로 발행되므로 EMD 번호 또한 항공사를 식별하는 항공사 번호와 10자리 일련 번호로 구성된다.

위 EMD를 살펴보면 각 EMD에 고유 번호가 있으며, 위탁 수하물 및 좌석 지정을 동시에 요청하는 경우, 유료 서비스가 여러 개 발생하므로 각 서비스당 EMD가 발행된다. 즉, 항공권 하나에 여러 개의 EMD가 발행될 수 있다.

2) EMD와 항공사

IATA는 EMD를 통해 항공사에서 얻어지는 혜택을 다음과 같이 예상한다.

- 연간 최대 29억 달러의 항공 업계 내의 혜택
- 항공사 및 여행사 모두 유료 서비스를 판매할 수 있으며, 온라인 및 모바일을 통한 판매 채널의 확대
- 패스트 트랙 및 Wi-Fi 액세스, 리무진 환승에 이르기까지 관광 업계 전반에 걸친 모든 서비스를 가능하게 하는 서비스의 다양화
- 여러 항공사가 동맹체를 통하여 공통된 보조 서비스를 제공하며, 항공사 간 계약을 통해 승객이 편리하게 서비스를 연결하여 제공받을 수 있도록 고객의 서비스 만족도 증대

🪶 그림 5-37_ 체크인 시 수하물 서비스

📍 핵심 학습 포인트

승객 체크인은 IATA 및 ICAO 규정에 따라 항공사에서 요구하는 모든 절차를 수행하고 승객에게 보딩패스를 발급하는 것으로 구성된다.

PGSA는 다양한 체크인 방법과 체크인 카운터 요구 사항에 맞추어 업무 준비를 해야 하며, PNL 및 ADL을 통하여 승객 목록을 반드시 확인해야 한다. 수하물에 휴대할 수 없는 위험 품목과 주요 보안 질문에 대해 승객에게 상기시킬 필요가 있으며, 승객이 체크인하는 방식은 크게 전통적인 방식과 CUSS를 사용한 새로운 셀프 체크인 방식으로 나누어 볼 수 있다.

Study Check

1. 다음 중 PNL에 포함되어 있지 않은 정보를 고르시오.

   ⓐ 소아 승객 이름
   ⓑ 소아 승객 생년월일
   ⓒ 항공권 발행 국가
   ⓓ 마일리지 번호

2. 다음 중 항공권 대신 서비스 수수료 등을 지불하는 방식으로 발행하는 문서를 고르시오.

   ⓐ ATB
   ⓑ BCBP
   ⓒ ETK
   ⓓ EMD

3. 다음 중 비상구 좌석에 탑승 가능한 승객의 유형을 고르시오.

   ⓐ 50대 남자 승객
   ⓑ 반려견을 동반한 승객
   ⓒ 팔에 깁스를 한 승객
   ⓓ 노인 승객

4. 다음 중 승객의 생체 식별 정보를 통하여 수속을 간편화시킨 시스템은?

   ⓐ IATA One ID
   ⓑ BCBP
   ⓒ CUSS
   ⓓ TIMATIC

5. 다음 중 수속 진행 시 확인해야 하는 체크리스트가 아닌 것을 고르시오.

ⓐ 펜과 문구류의 사용을 제한한다.
ⓑ 탑승권 프린터가 출력 가능한지 확인한다.
ⓒ 위탁 수하물에 부착하는 라벨을 준비한다.
ⓓ 여권 판독기의 작동 여부를 확인한다.

6. ADL은 최종 승객 명단 리스트를 의미한다.

ⓐ True   ⓑ False

7. 독립형 EMD를 EMD-A라고 규정한다.

ⓐ True   ⓑ False

8. 항공사는 EMD 발행을 통하여 추가 수익을 창출할 수 있다.

ⓐ True   ⓑ False

9. EMD 발행 시 발생 사유는 입력할 필요가 없다.

ⓐ True   ⓑ False

10. 수속 시 승객의 이름을 자주 불러 확인하는 것이 좋다.

ⓐ True   ⓑ False

정답 : 1.ⓒ 2.ⓓ 3.ⓐ 4.ⓐ 5.ⓐ 6.ⓐ 7.ⓑ 8.ⓐ 9.ⓑ 10.ⓐ

수하물 서비스
Baggage Acceptance

🎯 학습 내용

- 수하물의 종류
- 수하물 서비스 규정과 수하물 표기
- 수하물 승인 규정 및 절차
- 수하물 허용 규정과 체크인 진행 시 유의할 점

DCS
Introduction to Airport Check-in Services

항공권 운임에는 Full Service Carrier의 경우 일반적으로 승객의 운송비와 수하물의 운반 비용이 포함된다. 지불한 항공 운임, 탑승 좌석과 제공받는 서비스의 종류에 따라 무료 수하물의 허용량이 결정되며, 항공권 내에 '무료 수하물 허용 한도'로 표기된다.

이 무료 수하물 허용 한도는 크게 위탁 수하물과 기내 수하물로 구성된다. 각 항공사는 자체 규정을 설정하여 탑승 클래스에 따른 무료 수하물 허용량 및 추가 비용을 결정하게 되며, IATA는 타 항공사로의 연결편이 있는 환승 여정 승객(Interline Transfer: 목적지까지의 여정이 둘 이상의 항공사로 연결하는 승객)에 대해 무료 수하물 적용 방식과 추가 요금이 적용되는 방식을 결정한다.

승객의 수하물은 항상 자신의 수하물처럼 최대한 조심스럽게 다루어야 한다. PGSA는 수하물 취급과 관련된 규정을 엄격하게 적용하여 따르는 것이 중요하며, 수하물 서비스는 체크인 과정에서 PGSA가 담당하는 주요 역할 중 하나이다.

1. 수하물 종류

승객이 휴대하는 수하물에는 위탁 수하물과 휴대 수하물의 두 가지 유형이 있다. 이 장에서는 다양한 수하물의 종류와 적용 규정 등에 대해 살펴보기로 하자. PGSA가 위탁하는 수하물 서비스는 셀프서비스 체크인 옵션으로 인해 지속적으로 감소하고 있지만 수하물 절차에 대한 전문적인 지식과 처리 절차는 반드시 필요하다. 수하물 수속, 무게 허용 규정, 특수 수하물 위탁 조건 및 수하물 승인 절차 등에 대한 규정을 잘 숙지하여 업무에 적용하여야 한다. 수하물 서비스에 관한 규정은 IATA 수하물 서비스 매뉴얼(BSM: Baggage Services Manual), AHM(Airport Handling Manual), IGOM(IATA Ground Operations Manual) 및 PSCRM(Passenger Services Conference Resolutions Manual)에 명시되어 있다.

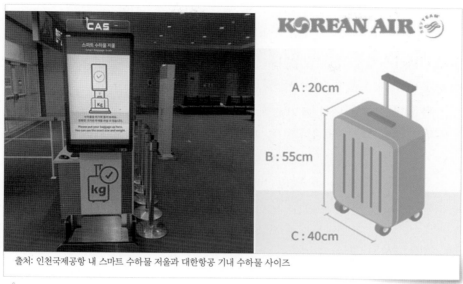

출처: 인천국제공항 내 스마트 수하물 저울과 대한항공 기내 수하물 사이즈

🌀 그림 6-1_ 기내 수하물 예시

기내 수하물은 다음과 같이 규정짓는다.

승객의 통제 및 보관하에 객실 내에 휴대하거나, 보관된 수하물을 의미하며, 각 운항 항공사는 허용되는 크기, 무게 및 개수에 대한 휴대 수하물의 자사 기준을 설정한다. IATA는 기내 수하물, 혹은 휴대용 수하물의 크기와 무게에 대한 일반적인 지침을 규정한다.

위탁 수하물은 승객이 탑승하는 여객기의 화물칸으로 운반되는 수하물을 의미하며, 이 또한 각 운항 항공사의 규정에 따라 무료 허용량이 결정된다.

❶ 승객 수하물 범주

1) 기내 수하물 Unchecked Baggage, Cabin Baggage

기내 수하물은 최대 길이 56cm(22인치), 너비 45cm(18인치), 두께 25cm(10인치)(모든 손잡이, 측면 주머니, 바퀴 등 포함) 및 이 세 가지의 합이 115cm(45인치)를 초과하지 않아야 한다.

각 항공사는 IATA가 정해 놓은 규정 내에서 자사 항공기의 다양한 조건에 따라 자체적으로 기내 수하물의 사이즈와 무게를 제한하며, IATA의 규정에 따라 다음과 같은 기내 수하물을 반입 제한한다.

- 무게, 크기, 특성상 항공 운송에 부적합한 경우
- 좌석 아래, 혹은 머리 위 선반에 적재하기에 부적합하거나, 포장이 부실한 경우
- 기내 수하물의 운송 항공사에 대한 사전 승인이 없거나, 적용되는 규정에 일치하지 않는 액체류 등을 반입한 경우
- 항공사 운영 절차에 따라 확인해야 하는 보안 검색 시 반입 제한 품목이 포함된 경우

2) 위탁 수하물 Checked Baggage

위탁 수하물은 운송 항공사가 운송의 관리를 담당하며, 수하물 태그를 발행하는 모든 수하물을 의미한다.

위탁 수하물은 승객이 여행하는 항공기의 화물칸으로 운송되며, 운항 항공사는

출처: 인천국제공항 제2터미널

◎ 그림 6-2_ 자동 위탁 수하물 서비스(Self Bag Drop Service)

수하물의 무게, 크기 또는 특성으로 인해 부적절하게 포장되거나 운송에 적합하지 않은 위탁 수하물에 대해 운송을 거부할 수 있다. 모든 수하물에는 승객의 이름이 부착되어야 하고, 공동 운항 항공편의 경우에 승객은 탑승의 주체가 되는 운항 항공사의 규정을 따라야 한다.

3) 특수 수하물 Special Baggage

특수 수하물은 다음과 같은 종류의 수하물을 의미한다.

❶ **무거운 수하물 Bulky/oversized baggage**

운항 항공사 규정에 정의된 무게, 혹은 사이즈가 초과된 수하물, 혹은 무게가 32kg(70lbs)을 초과하는 경우

❷ **좌석 탑재 수하물 Cabin Baggage in Seat**(CBBG)

위탁 수하물로 탑재하기 적합하지 않은 수하물, 예를 들어 악기, 혹은 전자 기기, 방송 장비 및 예술 작품 등

❸ **승무원 수하물 Crew Baggage**

항공편 정보와 승무원 표시가 부착되어 있는 수하물

❹ **탑승구 앞 탑재 수하물 Delivery at Aircraft**(DAA)

완전히 접을 수 있는 유모차 및 비행 중 기내에서 필요하지 않지만, 기내에 보관하기 어려운 휠체어 및 이동 보조 기구 등, 기내에 보관 공간이 제한적일 경우 일반 휴대 수하물도 탑승구 앞에서 위탁 수하물로 탑재하는 경우

2 주의해야 할 수하물

PGSA는 수속 과정에서 다음과 같은 수하물의 종류를 다루는 데 익숙해야 한다.

1) 제한 수하물

안전상의 이유로 항공기로 운송하기에 적합하지 않거나 위험물 운송 승인(DG: Dan-

gerous Goods)이 요구되는 등의 특별한 사전 조치가 필요한 경우에 항공기로 운송하고
자 하는 모든 수하물 및 수하물 품목(위탁 또는 비위탁 수하물)을 의미한다.

2) 비동반 수하물

화물로 운송되는 수하물을 의미한다.

❶ 수하물 품목

비동반 수하물은 승객의 개인 의류 및 개인 물품(가정용품, 휴대용 악기 및 휴대용 스포츠
장비 등)을 포함하며, 기계, 기계 예비 부품, 돈, 유가증권, 보석, 시계, 도금 제품,
모피, 필름, 카메라, 티켓, 문서, 주류, 향수, 상품 및 판매 샘플 등은 제외된다.

❷ 운반 요금

비동반 수하물은 화물 요금으로 계산되며, 무게나 부피 중 큰 쪽을 기준으로
부과된다.

❸ 동반되지 않은 수하물의 통관은 화물 터미널에서 이루어지며, 승객이 동반된
초과 수하물의 운송보다 복잡한 절차가 필요할 수 있다.
수하물의 운송을 승인하기 전에 수하물에 소유자 이름 및 정보가 표시된 라벨
이 부착되어 있는지 반드시 확인해야 한다.

3) 긴급 수하물/빠른 수하물

긴급 수하물은 승객이 통제할 수 없는 사유(예 화물 탑재의 공간 부족, 잘못된 업무 처리, 무게
제한 등)로 공항에서 잘못 취급되어 승객에게 빠른 시간 내에 다시 전달되어야 하는 수
하물이다. 고객 불만을 초래할 수 있으므로, 잘못 취급된 사유와 해결 방법을 전달
하는 것이 중요하다.

4) 연결 항공편이 있는 수하물

❶ 온라인 환승 Online Transfer

승객과 수하물이 최종 목적지에 도달하기 위해 동일한 항공사의 항공편으로 환승
하고 위탁됨을 의미한다.

② 인터라인 환승 Interline Transfer

승객과 수하물이 다른 항공사의 연결편을 사용하여 최종 목적지에 도달하는 경우를 의미한다.

연결편 환승 수하물은 승객의 항공권에 명시된 최종 목적지까지 수하물이 위탁되어야 하며, 연결 항공권을 포함한 다구간 목적지가 존재할 경우 수하물이 탑재되어야 하는 구간과 승객이 수하물을 찾는 곳을 명확하게 확인하여야 한다.

2. 수하물 승인 규정

승객과 수하물은 반드시 동일한 항공기로 운송되어야 하며, 다음 조건과 같이 운송되어야 한다.

- 정시 도착 On Time
- 손상되지 않은 수하물 Undamaged
- 도난되지 않은 수하물 Complete

❶ 운송 거부

항공사는 다음과 같은 경우 수하물의 운송을 거부할 수 있다.

- 위험에 처할 수 있는 물품
  항공기 또는 항공기에 탑승한 승객 및 재산에 대해 위험 및 손해를 끼칠 수 있는 물품
- 관계 법령 또는 안전 규정에 의하여 금지되는 물품
- 운항 항공사의 판단에 따라 무게, 크기, 특성으로 인해 운송에 부적합하다고 판단되는 물품
- PNR에서 사전 요청 및 확약되지 않은 AVIH(동물 운반, Animal in Hold) 및 스포츠 장비를 포함한 초과 수하물

- 모든 종류의 무기
- 탄약 및 폭발물
- 그 외 다양한 위험한 물품들

위험 물품이 아닌 경우에도, 다음과 같은 품목의 경우 항공사는 수하물 운반 시 발생되는 문제들에 대해 매우 제한적으로 책임을 지니게 되거나, 책임 배제가 되므로 반드시 기내 수하물로 보관해야 한다.

- 귀중품(📕 돈, 수표, 신용카드)
- 비즈니스 문서
- 판매 샘플
- 여권 또는 신분증
- 부패하기 쉽거나 깨지기 쉬운 물품
- 컴퓨터(📕 노트북)

2 위탁 수하물 허용량

승객은 지불된 항공 운임, 승객의 유형, 여정, 탑승 클래스에 따라 운항 항공사에서 미리 규정한 무료 위탁 수하물 허용량을 적용받을 수 있다. 단, 위탁 수하물에 대한 무료 수하물 허용 한도가 없는 항공사도 있을 수 있다. 승객은 무료 수하물 이외에 운송하는 모든 수하물에 대해 비용을 지불해야 하며, 온라인으로 항공권을 예약함과 동시에 웹사이트에서 제공하는 정보를 통해 수하물 허용량을 사전에 확인할 수 있다.

무료 수하물 허용 한도가 넘는 수하물을 운송하게 될 경우, PGSA는 해당 항공사의 수하물 규정에 따라 추가 수하물 비용을 책정하게 되고, 승객은 수속 시 비용을 지불할 수 있다.

일부 항공사는 승객의 편의를 위해서 추가 수하물에 대한 비용을 사전에 자사 웹사이트를 통해 지불할 경우 할인된 비용을 제공하기도 한다.

3. 수하물 승인 절차

승객이 수하물을 위탁할 때 PGSA는 다음과 같은 절차로 업무를 진행해야 한다.

1 체크인 시

① 승객이 동반하는 수하물의 무게, 크기 및 개수를 파악하고 운항 항공사의 무료 수하물 허용 기준에 충족하는지 확인한다.

② 기내 반입 수하물의 무게와 크기가 규정에 충족하는지 확인한다. 규정에 맞지 않을 경우 가능한 수하물 무게와 크기를 안내한다.

③ 예외적으로 해당되는 경우 '기내 반입 승인' 라벨을 부착한다.

그림 6-3_ 인천국제공항 및 해외 공항의 수하물 측정 저울

④ 휴대 수하물이 무료 허용 크기 및 무게를 초과하는 경우 기내 반입이 불가하며, 위탁 수하물로 수속해야 할 경우 추가 수수료가 적용됨을 고지한다.

⑤ 승객이 휴대하는 수하물에 일반적으로 포함되는 위험 물품을 숙지하고 승객이 이러한 품목을 휴대할 수 있는 가능성이 있을 경우 승객에게 반드시 확인한다.

2 탑승 시

승객이 탑승할 때 PGSA는 다음과 같은 절차로 진행해야 한다.

① 허용되지 않는 수하물, 크기가 크거나 무게가 초과되거나 무료 휴대 수하물의 허용 개수를 초과하는 경우를 확인하고, 필요한 경우 탑승구 앞에 비치된 기내 수하물 규정을 참고한다.

② 제한된 보관 공간으로 인해 기내에 반입이 불가한 경우 탑승 시 위탁 수하물로 권유한다.

③ 수하물 수취를 위해 최종 목적지 표기가 달린 라벨을 가방에 반드시 부착한다.

④ 기내 반입이 거절된 수하물의 승객에게는 목적지 도착 후 수하물을 찾는 곳이나 항공기 출입구(DAA)에서 수하물을 찾으라고 안내한다.

⑤ 램프 직원 또는 수하물의 관리팀에 탑승구에서 위탁 수하물이 발생함을 전달한다.

핵심 학습 포인트

수하물의 올바른 운송 승인은 매우 중요하며, 잘못 취급된(분실, 손상 또는 잘못된 목적지로의 운송) 수하물은 항공사의 막대한 재정적 손실을 초래하며 승객의 불만을 초래한다. 또한, 수하물 승인 시 안전과 보안상의 문제로 승객의 위탁 수하물은 승객과 동일한 항공기에 적재되어야 한다.

4. 수하물 표기

　모든 수하물은 잘못 처리되는 서비스를 피하기 위해 항공사 정책에 따라 올바르게 표시되어야 하며, 수하물에 올바른 표시를 하는 것은 PGSA의 중요한 책임 중 하나이다.

　각 가방의 외부에는 승객의 이름이 표시되어 있어야 하며, 가방에 태그를 붙이기 전에 가방이 손상되지 않았는지 육안으로 검사해야 한다. 이전 여행에 사용하였던 오래된 라벨은 새로운 라벨을 부착하기 전에 반드시 제거해야 한다.

① 수동 수하물 태그

　수하물 식별 태그라고도 하는 수하물 태그는 체크인한 승객의 수하물을 최종 목적지까지 운송하기 위해 항공사에서 사용한다. 발급된 수하물 태그는 승객에게 별도로 전달되거나 탑승권에 부착된다.

　수하물 태그는 승객이 목적지에서 수하물 컨베이어 벨트에 운반되는 여러 수하물 중 자신의 가방을 식별할 수 있도록 도와주는 역할을 하며, 일부 공항에서는 승객이 수하물을 수취할 때 다른 승객의 가방을 가져가는 오류를 줄이기 위한 수단으로 수하물 태그를 제시하기를 요청하는 경우도 있다.

　1929년 바르샤바 협약에서 수하물 태그 발행 기준을 설정하였으며, 이 계약을 통해 위탁 수하물의 분실이나 손상에 대한 책임 한도를 설정하였다.

　1990년대 이전의 항공사 수하물 태그는 끈이 달린 종이 형태로 구성되었고, 태그에는 다음과 같은 기본 정보가 포함되어 있다.

- 항공사 코드 혹은 항공사 이름
- 항공편명
- 도착지 공항 이름

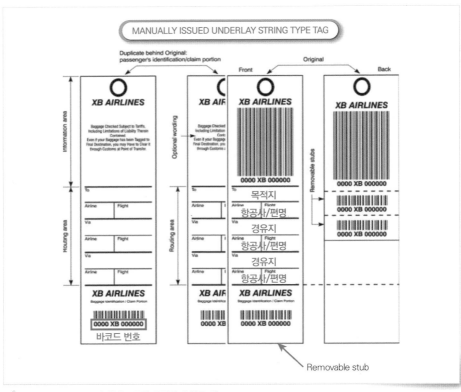

그림 6-4_ 수동으로 작성하는 종이 타입의 수하물 태그

 그러나 이러한 태그 방식은 보안이 취약하고 복제하기 쉬우므로 사용을 하지 않는 추세이며, 특히 시스템이 발달한 대부분의 공항에서는 수하물 태그 프린터에 문제가 생기는 경우를 제외하고는 사용하지 않는 방식이다.

② 자동 수하물 태그

 현재 사용되고 있는 수하물 태그는 바코드를 포함한다. 이 수하물 태그는 접착 용지에 인쇄되며 감열식 프린터 또는 바코드 프린터를 사용하여 인쇄된다. 인쇄된 수하물 태그를 체크인 시 수하물에 부착하며, 이를 통해 수하물을 자동으로 분류하여 경로가 잘못 지정되거나 운송, 혹은 지연되는 수하물의 수를 줄일 수 있다.

자동 태그 판독기로 알려진 레이저 스캐너를 사용한 수하물의 자동 분류는 이제 대부분의 공항에서 표준이 되어 있다.

IATA PSCRM 결의안 740은 항공사 간 수하물 연결을 위한 태그의 형식에 대한 규정을 제공한다.

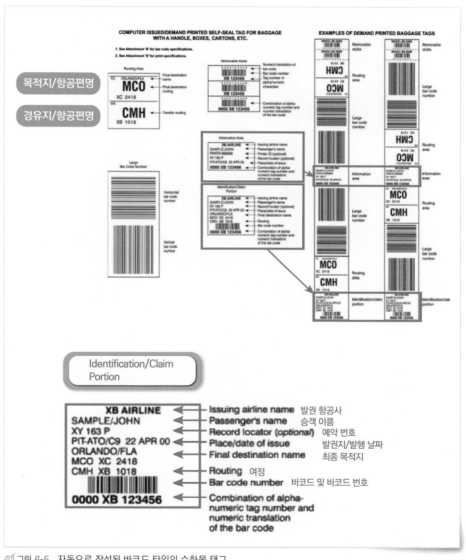

🐌 그림 6-5_ 자동으로 작성된 바코드 타입의 수하물 태그

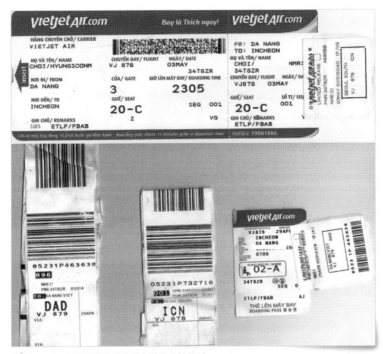

🐚 그림 6-6_ 비엣젯 항공사의 탑승권과 수하물 태그

인쇄가 제대로 되지 않거나, 흐릿하거나, 구겨지거나, 흠집이 생기거나 하는 등 손상된 바코드와 같은 판독 문제로 인해 일부 항공사는 수하물 태그에 내장된 RFID(전자 태그 방식, Radio Frequency Identification chips) 칩을 사용하기 시작하였다. IATA는 판독 성공률이 높은 RFID 수하물 태그를 표준화하기 위해 노력하고 있지만, 바코드를 이용한 태그만큼 견고하지는 못한 단점이 있다.

③ 체크인 수하물 식별

항공사 및 공항에서 체크인 시 항공사에서 발급한 수하물 태그의 10자리 숫자 코드를 통해 수하물 식별이 가능하다. 숫자 코드는 IATA 승객 서비스 회의 결의안 PSCRM 740에 정의된 바와 같이 바코드 형식과 사람이 읽을 수 있는 형식으로 수하물 태그에 인쇄되어 있으며, 각각의 숫자는 특정 의미를 부여하고 있다.

숫자 코드는 항공사의 DCS 시스템에서 공항의 수하물 처리 시스템으로 보내지는 수하물 정보 메시지(BSM; Baggage Source Message)이며, 이를 통해 수하물을 확인할 수 있다. 항공편 세부 정보와 승객 정보가 포함된 메시지이므로 자동 수하물 처리 시스템이 수하물 태그의 바코드를 스캔하면 자동으로 가방을 분류할 수 있다.

수하물 태그에는 숫자 코드 이외에도 다음과 같은 정보를 포함하고 있다.

- 도착 공항 이름
- 도착 공항의 IATA 공항 코드
- 출발 시각
- 항공사 코드 및 항공편명
- 승객 이름

④ 수하물 태그 처리 업무

항공사는 승객의 탑승 클래스, 여정 및 체크인하는 수하물 유형에 따라 항공사 고유의 수하물 태그를 발급한다. 이 태그는 모든 위탁 수하물에 부착되어야 한다. 수하물 태그 부착 시 승객의 탑승 클래스에 따라, 혹은 여정의 종류에 따라 수하물 태그를 처리하는 방식이 다르다.

1) 퍼스트 클래스 승객/우선 서비스 태그 부착

프리미엄 클래스로 여행하기 위해 더 높은 요금을 지불한 승객은 일반 승객의 위탁 수하물보다 우선적으로 찾을 수 있도록 수하물 태그에 표기를 해야 한다.

대부분의 항공사는 일등석 승객을 위한 우선 서비스 규정을 적용하며, 항공사 상용 고객 프로그램의 회원 중 상위 등급인 승객은 이코노미 클래스로 여행하더라도 수하물에 우선 순위 라벨을 부착하게 된다. PGSA는 각 항공사의 프리미엄 클래스 승객에 대한 서비스 정책에 따라서 수하물 태그를 부착해야 한다.

수하물에 우선 서비스 태그를 부착하면 운반 및 탑재 서비스 시 쉽게 식별이 되며 일반석 승객의 가방과 분리하여 지정된 장소에 별도로 운반할 수도 있다. 이러한 절

차를 통하여 프리미엄 클래스 탑승 승객의 가방이 목적지에서 '우선 순위'로 내려져 승객이 수하물을 기다리는 시간을 최소화할 수 있다.

우선 서비스 라벨은 도착 시 특별한 도움이 필요하거나 동반자가 없는 소아(UM; Unaccompanied Minor)의 여행 시 사용되기도 한다.

2) 타 항공사 연결 항공편 승객/Interline Labels

인터라인 라벨이란 항공편 연결이 필요한 여정 시 타 항공사 간의 연결을 통한 수하물 이동을 표기하는 라벨이다. 다른 항공편으로 환승하는 승객이 최종 목적지까지 수하물 이동이 불가할 경우 환승 도시마다 수하물을 확인해야 하는 불편함이 발생할 수 있으므로, 승객의 편의를 위해 수하물의 도착지 표기를 최종 목적지까지 지정할 수 있다.

이를 통해 승객은 최종 목적지에 도착하기 전에 환승 지역마다 발생할 수 있는 수하물 확인, 출입국 심사 등 소모적인 대기 시간을 줄일 수 있다.

연결 항공편의 수하물 이동은 다음과 같은 경우에만 적용된다.
- 출발 항공편과 연결 항공편 모두 정규편이어야 한다.
- 승객은 최종 목적지까지의 좌석이 확약되어야 한다.
- 승객은 24시간 이내에 연결 항공편의 탑승을 완료해야 한다.

일부 목적지의 경우 승객의 여정이 국내선 연결일 경우 입국 심사의 문제로 인하여 수하물 이동을 허용하지 않을 수도 있다. 이러한 경우 도착 국가의 첫 번째 국제선 입국 시 수하물을 찾아서 국내선으로 다시 이동해야 한다.

3) 동일 항공사 연결편 승객/Transfer Label

최종 목적지에 도착하기 위해 동일한 항공사의 연결편이 있는 경우 승객의 수하물은 환승 라벨을 부착하게 되며 각 항공사의 환승 지역에 적용되는 절차 및 연결 시간에 따라 다양하게 적용된다. 항공사는 환승 수하물의 범주를 빠르게 연결되어야

하는 항공편의 수하물과, 연결 대기 시간이 긴 수하물로 구분하여 빠르게 이동해야 하는 수하물에 대하여 빠른 환승 수하물 라벨을 부착하기도 한다.

4) 무거운 수하물

사고와 부상을 방지하기 위해 직원은 무겁고 조심스럽게 취급해야 하는 가방을 식별해야 한다. 일반적으로 23kg을 초과하는 단일 품목에 대해 품목의 무게가 명확하게 기재된 Heavy Bag Tag가 필요하다. 이는 수하물을 들어 올릴 때 발생할 수 있는 위험을 강조하고 직원의 업무상 부상을 사전에 방지할 수 있다. 수하물이 예상보다 무거운 경우, 즉 작은 수하물이지만 무게가 보이는 것보다 더 많이 나갈 경우 경고성 메시지와 같이 무거운 수하물 라벨을 추가해야 한다.

5) 대기 수하물

대기 수하물은 다음과 같은 두 가지의 경우에 따라 적용된다.

❶ 대기 상태의 항공권을 소지한 승객의 수하물을 수속하게 될 경우

좌석을 사전에 확약받지 않은 항공권을 소지하고 항공편을 탑승하고자 하는 승객은 기존 승객의 좌석이 취소가 나지 않는 한 체크인 시 항공기 좌석을 보장받을 수 없다. 수하물에 대기 라벨을 부착하면 수하물을 사전에 식별하여 대기 수하물 처리에 필요한 항공사 절차를 따를 수 있으며, 대기 후 승객이 항공기 좌석을 배정받게 될 경우 보다 빠른 업무 처리를 위하여 수속 카운터에 수하물을 대기 라벨 부착 후 대기시켜 두는 형식이다.

❷ 수하물 탑재 공간이 제한되어 있을 경우

항공기 내 화물을 탑재하는 공간은 매우 제한적이며, 화물 예약이 완료되었거나, 매우 적은 공간이 남아 있을 경우 초과 수하물, 혹은 부피가 큰 수하물의 탑재는 대기 상태로 표시될 수 있다. 그러므로 사전에 예약된 모든 일반 수하물이 항공기에 탑재 완료될 때까지 대기하는 경우가 발생하기도 한다.

6) 손상된 수하물/Limited Release(LR) 라벨

바르샤바 협약에 따라 모든 항공사는 사전에 수하물의 더 높은 가치를 신고하고 추가 요금을 지불하지 않는 한 수하물의 분실, 지연 또는 손상에 대해 제한적인 책임을 지게 된다. 고가의 제품을 위탁 수하물로 보내어 분실될 경우 항공사에서 보상하는 비용은 매주 제한적이므로 승객은 개인 보험에 가입하도록 권장한다.

승객이 제시한 수하물이 부적절하게 포장되거나 깨지기 쉽거나, 부패하기 쉬운 경우, 혹은 손상된 것으로 간주될 정도로 보이면 PGSA는 승객에게 항공사가 해당 물품을 위탁 수하물로 승인할 수 없음을 알려야 한다.

품목이 이미 손상되었거나 정상적인 운송 절차에 적합하지 않은 경우 LR 라벨을 사용하여 이를 식별하며, 이를 통해 부당하게 승객이 제시하는 손해 배상 청구로부터 항공사를 보호할 수 있다. 항공사는 운송 도중 발생한 분실 또는 추가 손상에 대해서만 책임을 지게 된다.

승객이 LR 라벨이 적용되는 상황에 대해 동의하지 않을 경우 항공사는 승객의 동의 없이 수하물을 승인하지 않을 것임을 공지해야 한다.

각 수하물 태그 뒷면에는 다음과 같이 수하물 상태에 대해 묘사를 할 수 있도록 세부 내역을 표기하게 되어 있다.

LIMITED RELEASE
RECEIVED DAMAGED, specify below

- [ ] Handle broken / missing
- [ ] Lock broken / missing
- [ ] Zipper broken
- [ ] Strap torn / missing
- [ ] Foot / wheels broken / missing
- [ ] Frame damaged

SIDE
END
TOP
BOTTOM

- [ ] Hole
- [ ] Bag torn
- [ ] Bag dented
- [ ] Bag stained
- [ ] Bag stretched
- [ ] Other damage, specify:

Passenger name _____

Carriers participating in transportation of this item may not accept claims resulting from the above conditions of acceptance

그림 6-7_ LR 라벨의 표기 예시

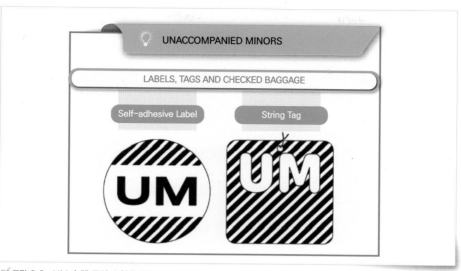

그림 6-8_ UM 승객 표기 수하물 태그

7) UM 승객

비동반 소아의 수하물을 쉽게 식별할 수 있도록, 일반 수하물 라벨과 함께 비동반 소아 표시의 수하물 라벨을 추가로 사용해야 한다.

UM 라벨이 없거나 사용할 수 없는 경우 퍼스트 클래스 또는 비즈니스 클래스의 우선 서비스 라벨을 수하물에 부착하여 서비스가 빠르게 진행되도록 해야 한다.

비동반 소아의 각 위탁 수하물은 우선 서비스를 위해 UM 수하물 라벨이 부착되어야 하며, 목적지에서 수하물을 쉽게 식별하고 찾는 데 도움이 된다. 또한 탑재 시에도 라벨의 식별을 통해 우선 적재 및 우선 수취를 할 수 있도록 한다.

5 수하물 허용 기준 및 체크인 시 유의할 점

1) 수하물 무료 허용 한도

각 항공사마다 규정이 상이한 무료 허용 한도는 항공권에 표시된다.(수하물 무게 또는 개수)

출처: www.airfrance.co.kr

🌀 그림 6-9_ 에어프랑스 항공사의 수하물 허용량 표기

특정 목적지 및 상용 고객에 대한 추가 서비스 등 몇 가지 예외를 제외하고 승객은 무료 허용 한도를 초과하는 모든 수하물에 대해 추가 비용을 지불해야 한다.

2) 수하물의 허용 크기

대부분의 항공사는 위탁 수하물의 무게와 크기를 최대 32kg(70파운드) 및 406cm(160인치)(길이 + 너비 + 높이)로 제한한다. 이 기준을 초과하는 수하물은 일반 위탁 수하물로 허용되지 않으며 화물로 운송되어야 한다.

출처: www.airfrance.co.kr

🍃 그림 6-10_ 에어프랑스 항공사의 웹사이트 내 수하물 정보 표기

수하물 위탁 시 규격 사이즈가 아닌 수하물, 살아 있는 동물, 위험물 및 기타 비표준 수하물의 운반 및 취급에 대해서는 항공사별로 제한하는 규정을 따라야 한다.

3) 수하물 체크리스트

PGSA는 위탁 수하물의 승인 시 다음과 같은 체크리스트를 확인하여야 한다.

- 수하물의 상태가 양호해야 한다.
- 손상되었거나 부적절하게 포장되었거나 부패하기 쉬운 품목이 포함된 수하물의 경우 승객과 수하물의 세부 상태를 명확히 하고 수하물을 승인하지 않거나, 혹은 'LR' 규정을 승객이 동의할 경우 운반 승인을 한다.
- 우산, 지팡이, 침낭, 캠핑용품 등은 운반 시 위험할 경우에 대비하여 기내 수하물로 반입이 불가능하나 항공사마다 별도의 규정으로 적용하여 보행이 어려운 노인 승객이나 장애 승객의 지팡이와 같은 보조 도구는 운반 승인이 가능하다.
- 이전 여행에 사용되었던 오래된 수하물 태그는 반드시 제거해야 한다.
- 위탁 수하물의 표면에 승객의 이름이 기재되어 있어야 하며 가급적이면 내부에도 기재를 권장한다. 승객에게 라벨의 이름과 항공권의 이름이 동일해야 한다

고 안내하여야 하며, 승객이 주소, 전화번호 및 가능한 경우 이메일 주소도 적어서 부착하기를 권장한다. 이름 스티커와 라벨은 항상 체크인 데스크에서 제공해야 한다.

- 승객이 자신의 수하물을 휴대해야 하며 다른 승객(알 수 없는 사람)의 수하물 운반을 책임질 수 없음을 상기시킨다.
- PGSA는 승객에게 체크인 시 모든 위탁 수하물을 제시하도록 요청한다.
- PGSA는 승객이 체크인 시 모든 기내 수하물의 여부를 확인한다.
- PGSA는 승객에게 보안 관련 질문을 반드시 해야 한다.
- PGSA는 체크인 진행을 위해 DCS 내에 위탁 수하물의 개수와 무게를 입력해야 한다.
- 수하물이 분실된 경우 보상 기준은 DCS 내에 기록된 정보로 계산된다.
- 수하물이 위탁된 최종 목적지를 승객에게 명확하게 설명하고 정확한 목적지 태그를 부착한다.
- 필요한 경우 우선 서비스 라벨 또는 기타 고객 서비스 라벨을 추가 부착한다.
- 중간 경유지 여정이 있는 승객에게 세관 규정에 대한 정보를 전달하며, 수하물이 자동으로 연결 항공편으로 운반됨을 설명한다. 승객이 도착하는 첫 번째 국

출처: www.airfrance.co.kr

🍥 그림 6-11_ 에어프랑스 항공사의 웹사이트 내 수하물 정보 확인

가에서 수하물을 픽업하고 세관을 통과해야 함을 고지한다.

- 수하물의 올바른 처리는 매우 중요하며, 잘못 승인된(분실, 손상 및 다른 여정으로 잘못 운반된 수하물) 수하물은 항공사와 승객에게 막대한 재정적 손실 및 서비스 불만을 초래한다.

🔑 핵심 학습 포인트

항공사는 위탁 수하물에 있는 돈, 보석 또는 기타 유사한 귀중품의 분실에 대해 책임을 지지 않는다. 이러한 품목은 위탁 수하물이 가능한 항목에서 제외되며, 승객의 관리하에 있어야 한다.

PGSA는 체크인 시 승객의 수하물을 확인하고, 해당 항공사의 규정에 맞는지 반드시 확인하여야 한다. 항공사 규정을 초과하는 추가 수하물은 비용을 지불하고 운반 가능하며, 수하물의 종류에 따라 운송 거부될 수도 있다.

5. 무료 수하물 허용량

항공기를 이용한 여행의 경우 승객의 무료 수하물 허용 한도는 항공사가 승객 1인당 무료로 허용하는 위탁 또는 휴대 수하물을 의미한다. 일부 항공사에서는 무료로 허용되는 서비스이지만, 항공사 자체 규정에 따라 비용을 지불하는 유료 서비스인 경우도 많다.

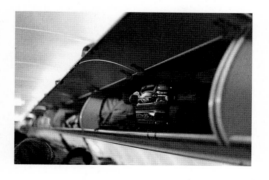

승객 1인당 무료로 제공하는 수하물 허용량 또한 항공사의 정책에 따라 다양하다.

🌐 타이항공사의 웹사이트 내 수하물 규정 안내

분류	모든 수하물의 총무게 최대	
로열 퍼스트 클래스	50kg(110파운드)	
로열 실크 클래스	40kg(88파운드)	
프리미엄 이코노미 클래스	40kg(88파운드)	
이코노미 클래스		
이코노미 SAVER 요금 계열	이코노미 FLEXI 요금 계열	이코노미 FULL FLEXI 요금 계열
RBD H/Q/T/K/V/W 클래스에서 Fare Basis(요금 코드)가 -SV 로 끝나는 이코노미 요금	RBD H/O/T/K/V/W 클래스에서 Fare Basis(요금 코드)가 -FX 로 끝나는 이코노미 요금	RDB Y/B/M 클래스에서 Fare Basis(요금 코드)가 FF로 끝나는 이코노미 요금
20kg(44파운드)	30kg(66파운드)	35kg(77파운드)
좌석 미점유 유아 승객	10kg(22파운드)	
ROP & 스타얼라이언스 골드회원 추가분	20kg(44파운드)	
로열 오키드 플래티넘 회원 (TG 이용 구간에만 해당) 추가분	30kg(66파운드)	
ROP 실버 회원 (TG 이용 구간에만 해당) 추가분	10kg(22파운드)	

출처: www.thaiairways.com

위탁 수하물의 크기 및 무게 제한

대부분의 표준 위탁 수하물의 허용되는 외부 규격(길이 + 너비 +높이)은 최대 62인치입니다. 이 규격에는 손잡이와 바퀴가 포함됩니다. 위탁 수하물의 최대 허용 무게는 체크인 시 클래스 및 프리미어(Premier®) 등급에 따라 다를 수 있습니다. 클래스 및 마일리지플러스 등급에 따라 허용되는 최대 크기 또는 무게가 다를 경우, 더 큰 쪽의 한도가 적용됩니다.

클래스별 무게 제한	
클래스	수하물 1개당 최대 허용 무게
유나이티드 이코노미(United Economy®)	50파운드(23kg)
유나이티드 비즈니스(United Business®) 유나이티드 퍼스트(United First®) 유나이티드 폴라리스(United Polaris®) 비즈니스 클래스	70파운드(32kg)

마일리지플러스 등급별 무게 제한	
마일리지플러스 등급	수하물 1개당 최대 허용 무게
프리미어 실버 프리미어 골드 프리미어 플래티넘 프리미어 1K(Premier 1K®)	70파운드(32kg)
스타 얼라이언스(Star Alliance™) 골드	비즈니스 70파운드(32kg) 이코노미 50파운드(23kg)

출처: www.united.com

🐌 그림 6-12_ 유나이티드 항공사의 웹사이트 내 수하물 규정 안내

위탁 수하물은 다음과 같이 2가지 개념으로 적용하여 탑재하게 된다.

❶ 수하물 무게 개념-Weight Concept

무게 개념은 무료 수하물 허용량이 위탁 수하물의 총 중량으로 계산됨을 의미한다.

퍼스트 또는 비즈니스 클래스로 여행하는 승객이 연결 항공편에 해당 서비스 클래스의 좌석을 확약하지 못하여도(예 비즈니스 석 대신 일반석 좌석의 확약) 전체 여정에 대해 구매한 운임 유형이 퍼스트 또는 비즈니스 클래스 운임일 경우 퍼스트 또는 비즈니스 클래스의 무료 수하물 허용 한도를 서비스받을 수 있다. 상위 클래스로 업그레이드하기 위해 비용을 추가 지불하거나 운임 차액을 환불받기 위해 자발적으로 더 낮은 클래스로 탑승 등급을 하향하는 승객은 새로 발권된 탑승 클래스의 운임에 따라 무료 수하물 허용 한도를 제공받게 된다.

무료 수하물 허용 한도는 항공사마다 적용하는 규정에 따라 다르다.

타이항공사의 무료 수하물 규정은 무게를 기준으로 책정되므로, 개수와 상관없이 총 중량이 서비스 클래스마다 다르게 허용됨을 확인할 수 있다.

〈그림 6-13〉은 무게 개념이 적용되는 무료 수하물 허용량의 한 예이다.

무게 개념의 허용량을 적용할 경우 개수에 대한 규정을 표기하지 않으며, 최대 허용 중량에 대한 표기를 하게 된다.

🌐 수하물 무게 개념 적용 규정의 예

Free Allowance(Weight Concept)	
First class	40kg(88lbs)
Business class	30kg(66lbs)
Economy class	20kg(50lbs)
Infant(all classes)	10kg(22lbs) + One baby push chair or 1 stroller or 1 baby basket

```
                                                        Baggage-35kg

       AL FLGT  BK    DATE  TIME   FARE BASIS      NVB  NVA   BG
   SEL
   BKK TG   657 Y    01JUL 1020   Y1LRFF                     35
   SEL TG   654 Y    05JUL 1245   Y1LRFF                     35
```

그림 6-13_ 수하물 무게 개념 적용 시 항공권 표기의 예

❷ 수하물 개수 개념-Piece Concept

개수 개념은 무료 수하물 허용량이 수하물 개수로 계산됨을 의미한다. 각 수하물은 규정에 정해진 부피와 무게를 초과할 수 없으며, 초과하게 될 경우 추가 비용이 발생한다.

개수 개념은 위탁 수하물의 개수, 크기 및 무게에 대한 세부적인 조건이 적용되며, 점차 무게 개념에서 개수 개념의 수하물 허용 규정이 증가하는 추세이다.

과거에는 일반적으로 캐나다와 미국 내, 출발/도착 항공편에서 주로 사용되었으나, 점차 동남 아시아 지역 및 유럽 지역도 '무게' 개념에서 '개수' 개념으로 변동되고 있다.

개수 개념이 적용되는 경우 티켓의 무료 수하물 허용 란에 'PC' 코드가 표기된다.

다음은 개수 개념이 적용되는 무료 수하물 허용량의 한 예이다.

🌐 수하물 개수 개념 적용 규정의 예

	Free Baggage Allowance(Piece Concept)
First class	Two checked pieces. The total of the three dimensions must not exceed 158cm(62 inches) for each piece and the weight must not exceed 32kg/70lbs per piece.
Business class	Two checked pieces. The total of the three dimensions must not exceed 158cm(62 inches) for each piece and weight must not exceed 23kg/50lbs per piece.
Economy class	First & Business classes: 1 piece/32kg + One baby push chair or 1 baby basket
Infant	Economy class: 1 piece/23kg + One baby push chair or 1 stroller or 1 baby basket

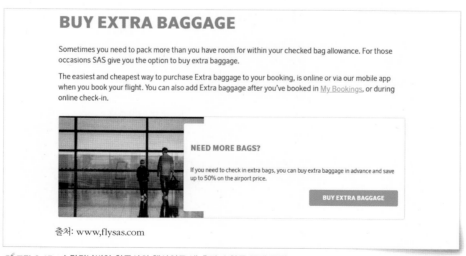

	AL	FLGT	BK	DATE	TIME	FARE BASIS	NVB	NVA	BG
SEL									
LAX	KE	17	Y	01DEC	1430	YRT		01DEC	2P
SEL	KE	18	Y	10DEC	1050	YRT		01DEC	2P

Baggage-2Piece

🐚 그림 6-14_ 수하물 개수 개념 적용 시 항공권 표기의 예

③ 초과 수하물

초과 수하물은 항공사에서 무료로 허용하는 수하물의 크기, 개수 또는 무게가 허용 한도를 초과하는 수하물을 의미한다. 항공사의 예약 상황에 따라 추가 요금을 지불하고 운반 가능한 경우도 있지만 탑재 공간이 보장되지 않으면 거절될 수 있다. 일부 항공사는 특정 노선에, 혹은 특정 기간에 초과 수하물 금지를 공지하여 초과 수하물을 허용하지 않는 경우도 있다.

초과 수하물의 일반적인 규정은 무료 수하물 허용량을 초과한 수하물을 소지한 승객이 항공기 출발 전 초과 요금을 지불해야 한다는 것이다.

BUY EXTRA BAGGAGE

Sometimes you need to pack more than you have room for within your checked bag allowance. For those occasions SAS give you the option to buy extra baggage.

The easiest and cheapest way to purchase Extra baggage to your booking, is online or via our mobile app when you book your flight. You can also add Extra baggage after you've booked in My Bookings, or during online check-in.

NEED MORE BAGS?

If you need to check in extra bags, you can buy extra baggage in advance and save up to 50% on the airport price.

BUY EXTRA BAGGAGE

출처: www.flysas.com

🐚 그림 6-15_ 스칸디나비아 항공사의 웹사이트 내 추가 수하물 구매 규정

초과 수하물 요금은 항공사마다 상이하며 동일한 항공사 내에서도 여정에 따라 다르게 설정된다. 다수의 항공사들이 초과 수하물을 사전에 온라인으로 구매할 경우 할인을 제공한다. PGSA는 승객이 지불해야 하는 초과 수하물 요금을 결정할 책임이 있으며, 요금을 확인하기 전에 승객의 항공권에 표기되어 있는 무료 수하물 허용량을 확인해야 하며 반드시 항공권에 입력된 허용량은 승인되어야 한다.

승객이 연결편을 이용하는 경우 초과 수하물은 위탁 수하물의 여정과 동일하게 부과된다. 추가 요금은 여정의 전체 또는 일부에 부과될 수 있으며, 여정의 일부에 대해서만 초과 수하물 요금이 부과된 경우 해당 구간에 대해서만 수하물을 위탁하고 수하물 라벨을 부착할 수 있다. 초과 수하물에 부과되는 요금은 승객의 여정과 탑승 항공사에 따라 적용되는 무게 및 개수 개념을 통해 적용된다.

추가 요금을 지불한 후 항공사에서 초과 수하물의 금액과 초과된 양에 대한 정보를 제공하는 영수증 형태의 전자문서를 EMD라고 한다. 과거 다음과 같은 종이 형태, 즉 종이 항공권과 동일한 양식으로 일련 번호를 가진 문서였으나, 전자 항공권의 시작과 더불어 전산상으로 구현이 가능한 EMD 전자 문서가 발행되기 시작하였다.

그림 6-16_ 종이 형태의 추가 수하물 구매 영수증

6. 특수 수하물

일반 수하물에 비해 다루기 어렵거나 운반에 주의가 요구되는 경우 특수 수하물로 분리하게 된다. 승객의 수하물은 매우 다양하여 여러 가지 사유로 다양한 수하물을 운반하게 되는 경우가 생기며, 이러한 상황에서 PGSA는 전문적인 지식과 업무절차를 통하여 서비스를 진행하여야 한다.

① 좌석을 점유하는 기내 수하물(CBBG)과 악기

악기와 같이 깨지기 쉽거나 혹은 사이즈가 매우 큰 물품일 경우 승객은 위탁 수하물로 보낼 것인지, 보다 안전한 방법으로 운반할 것인지에 대한 고민을 하게 된다.

일반적으로, 부피가 큰 악기, 예를 들어 콘트라베이스나 첼로는 위탁 수하물로 보낼 경우 심한 손상을 입을 경우가 많으며, 손상의 경우 보상 금액에 비해 악기의 가격이 훨씬 고가인 경우가 많으므로 기내에 반입하는 경우가 대부분이다. 이러한 경우 승객은 악기를 위한 추가 좌석(Cabin Baggage-CBBG)을 승객의 항공권과 동일한 금액으로 구매가 가능하다. 이때 승객에게 적용되는 공항세와 각종 부가세는 악기에는 적용되지 않는다.

> ### 🌐 아시아나 항공 웹사이트 내의 좌석 점유 기내 수하물 규정
>
> 특수 수하물은 모양과 크기가 일반 수하물과 달라 운송 도중 내용물이 휘거나, 파손될 가능성이 높으니 전용케이스 포장이 있어야 접수가 가능합니다. 하드케이스(전용포장용기)에 포장되지 않은 스포츠 장비는 파손 시 보상에서 제외되오니 주의하여 주시기 바랍니다.
>
> **소형 악기**
> 바이올린과 같이 세변의 합(가로+세로+높이)이 115cm 이하의 악기는 무료로 기내 반입이 가능합니다.(기내 선반 혹은 앞쪽 좌석 밑 보관이 가능해야 함)

대형 악기

- 첼로, 기타(Guitar) 등 고가의 대형 악기를 기내로 휴대하고자 하는 경우, 별도의 추가 좌석을 구매하시면 반입이 가능합니다.
- 추가 좌석 구매 후 기내로 반입하는 악기의 경우, 전체 높이는 155cm로 제한됩니다. (단, 첼로 케이스 사이즈는 150cm 이내)
- 별도의 좌석 구매와 관련하여 아시아나항공 예약센터로 연락 후 해당 항공편에 기내 반입 악기 예약 및 항공권 발권 처리를 문의해주시기 바랍니다.

악기를 위탁 수하물로 보내는 경우

- 악기류는 파손 가능성이 크기 때문에 기내 휴대 혹은 별도 좌석 구매 후 운송하시거나, 화물 운송을 권장합니다.
- 파손 위험을 최소화할 수 있도록 완충재 등을 내부에 넣고 반드시 하드케이스에 넣어서 운송하셔야 합니다.
- 총 수하물 개수(악기류＋기타 위탁 수하물), 크기, 무게가 무료 수하물 허용량을 초과하는 경우에는 초과 수하물 요금이 부과됩니다.

출처: www.flyasiana.com

악기와 같이 부피가 큰 품목의 기내 좌석을 예약하기 위해서는 다음 기준을 충족해야 한다.

- 수하물은 무게가 100파운드(45kg)를 초과하지 않아야 한다.
- 수하물은 비행 중 이동을 방지하기 위해 안전벨트로 고정할 수 있어야 한다.
- 수하물은 승객에게 발생할 수 있는 부상 가능성을 사전에 방지하기 위해 안전하게 포장되어야 한다.
- 수하물은 기내의 비상구 또는 출구 근처에 좌석 지정하지 않는다.
- 수하물로 인한 안전벨트 사인, 혹은 출구 사인 등이 가리지 않도록 한다.
- 수하물 내에 위험물이 포함되지 않아야 한다.
- 수하물은 수하물 소유 승객과 같은 클래스의 좌석에, 가능한 옆 좌석에 고정해야 한다.

② 방송장비

방송사 또는 영화 제작사 등이 콘텐츠 제작을 위해 운반하고자 하는 카메라, 필름, 비디오 테이프, 조명 및 음향 장비 등은 초과 수하물 요금을 부과하여 수하물로 운반된다. 이때 수하물의 식별을 통한 안전한 운반을 위해 회사 로고가 부착되어 있는 라벨이 필요하다.

③ 화장된 유해

화장된 유해는 다음과 같이 기내 반입 또는 위탁 수하물로 허용된다.

- 기내 반입: 기내 반입 시 X-ray 검색대를 통과해야 하며, 유골함이 금속으로 되어 있는 경우 보안 검색대에서 내부 확인이 불가하므로 검색대 통과가 제한된다. 기내 안에서 유골함을 여는 것은 엄격하게 제한된다.
- 위탁 수하물: 승객은 화장된 유해를 보안 검색이 통과 가능한 경우 위탁 수하물로 운송이 가능하다.

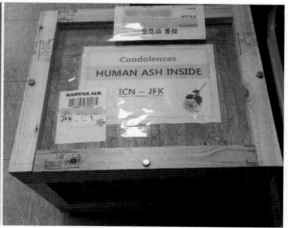

출처: 엑스포라인 www.expoline.co.kr

🌀 그림 6-17_ 위탁 수하물로의 유해 운반의 예

출처: 엑스포라인 www.expoline.co.kr

🌀 그림 6-18_ 위탁 수하물로의 유해 운반의 예

④ 유모차 및 어린이 카시트

어린이용 유모차 및 카시트는 수하물에 포함되지 않으며 쉽게 무료로 운반 가능하다. 승객의 편의를 위해 이러한 품목은 수속 데스크 혹은 탑승 게이트에서 위탁할 수 있다. 또한 필요한 경우 기내 공간이 가능하게 되면, 어린이 카시트는 특정 상황에서 기내에 반입이 가능하다.

일부 항공사는 안전상의 이유로 유아 탑승의 경우 유아용 카시트를 요구하는 항공사도 있다. 승객이 휴대용 유모차의 기내 반입을 요청할 경우 빈 공간이나 좌석이 가능하면 반입이 가능하나, 공간의 여유가 없는 경우 게이트에서 위탁 수하물로 처리 가능하다.

⑤ 의료 용품 및 장비

여행 중 의료 용품이나 장비가 필요한 승객이 있다. 이러한 물품들은 용품의 종류나 필요성에 따라 추가 비용 없이 기내 반입이 허용된다. 일부 의료 품목은 표준 사이즈 및 무게 등의 규정을 충족하는 한 일반 기내 반입 허용량과 함께 기내에 휴대할 수 있다.

① **호흡 장치**: 대부분의 항공사는 승객이 소지하는 호흡 보조 기구가 150파운드 (68kg)를 초과하지 않는 한도 내에서 위탁 수하물로 운반을 허용한다. 승객은 사전에 항공사 예약부에 이러한 사실을 사전 고지하고 항공 예약 진행 시 호흡 장치 운반에 대한 요청을 하여야 한다.

② **바늘/주사기**: 비행 중 바늘이나 주사기로 약물을 투여해야 하는 경우, 약물이 허용되는 한 휴대 수하물로 허용된다. 이때 의약품, 제조업체 이름 등 의약품을 전문적으로 식별하는 라벨이 부착된 의약품을 사용하여야 하며, 진단서나 승객의 이름과 처방된 약이 기재된 의사의 진단서가 제시되어야 한다.

6 부패하기 쉬운 음식물

항공사는 도착 국가의 반입 제한 규정을 위반하지 않는 한 부패하기 쉬운 음식물과 같은 품목(식용 및 비식용 모두)을 휴대 수하물 허용량의 일부로 기내에 허용한다.

부패하기 쉬운 품목은 다음과 같다.
- 신선 또는 냉동 식품, 과일 및 야채
- 육류, 생선, 가금류 또는 베이커리 제품
- 꽃 장식 및 다양한 종류의 꽃과 채소, 식물 등

품목이 휴대 수하물의 크기 또는 무게 제한에 맞지 않는 경우, 항공사는 운반 중 부패할 수 있는 상황에 대비하여 유한 책임 면제 양식을 작성한 후 위탁 수하물 허

🐌 그림 6-19_ 부패하기 쉬운 음식물의 예

용 한도 내에서 품목을 승인하기도 한다. 항공사는 화물로 여행하는 동안 부패하거나 변질되는 품목에 대해 책임을 지지 않는다.

7 휠체어 및 보조 장치

장애가 있는 승객은 한 개의 휠체어 및 이동 보조 장치(예 목발)를 무료로 휴대할 수 있다. IATA 공항 취급 매뉴얼(AHM) 176A에는 거동이 불편한 승객이 필요로 하는 특수 장비를 운반하는 동안 필요한 업무 지침을 설명한다.

기내에서 거동이 불편한 승객이 필요로 하는 이동 보조 장비가 기내에 탑재되지 않은 경우 승객이 환승 시나 목적지에 도착했을 때 쉽게 접근할 수 있도록 수하물 칸에 적재해야 한다.

이러한 수하물은 확실하고 빠르게 식별되도록 하여야 하며, 승객과 함께 동일하게 여행하여 승객이 하기 시 즉시 사용할 수 있는 방식으로 적재되어야 한다.

🌀 그림 6-20_ 휠체어 및 이동에 필요한 장비

8 스포츠 장비

항공 여행 시 스포츠 장비를 운반하는 경우가 많이 생긴다. 가장 일반적인 골프백이나 자전거를 포함하여 훈련을 목적으로 하는 스포츠 장비, 선수용 장비까지 일반

적인 위탁 수하물 서비스와는 사이즈와 무게가 다르므로, 항공사마다 자체 규정을 적용하고 있다.

다음 스포츠 장비 목록을 통하여 항공 운송 시 다양한 스포츠 장비의 운송 제한 사항을 간략히 확인할 수 있다.

Scuba equipment	
Snow skiing equipment	
Paddles, skis	
Hiking equipment	
Wind surfer, wind surfer kites	
Surfing equipment	To be accepted as checked baggage and may be included within the checked baggage allowance, when in excess thereof, the applicable excess baggage rate will be charged.
Bicycle	
Fishing equipment	
Hunting rifles	
Bowling equipment	
Saddles	
Archery equipment, backpacks, boogie boards and snowboarding equipment	
Golfing equipment	
Vaulting poles, canoes and kayaks	Not accepted as checked baggage, only as cargo.

✍ 그림 6-21_ 다양한 스포츠 장비의 종류 및 허용 규정

대부분의 스포츠 장비는 위탁 수하물로 허용이 되며 위탁 수하물 허용 한도에 포함이 되나 이를 초과하는 경우 초과 수하물 요금이 부과되게 된다.

그러나 카약과 같은 부피, 혹은 길이가 큰 경우 일반 위탁 수하물로 수속이 불가하며 사전에 항공 화물로 예약을 진행하여야 한다. 일부 항공사는 특정 지역 항공편에 대해 골프백이나 서핑보드 등의 운반을 무료 서비스로 진행하기도 한다.

⑨ 살아있는 동물

살아있는 동물은 IATA에서 규정하는 살아있는 동물 운반 규정과 출발지, 경유지, 도착지에서 적용되는 입국 국가의 승인을 위한 정부 규정을 충족하는 경우에만 허용된다. 운송인이 승인한 통풍이 잘 되는 적절한 기내 장소에 적재해야 하고, 살아있는 동물의 취급 규정 및 글로벌 표준은 IATA LAR 45 규정 및 각 운송 항공사에서 확인이 가능하다.

항공사는 적용 규정에 따라 기내 및 화물칸 모두에서 한 항공편으로 운송되는 애완 동물의 수를 엄격히 제한하며, 일부 항공사는 기내 안의 애완 동물을 전혀 승인하지 않기도 한다.

살아있는 동물의 운송 방법은 다음과 같이 2가지로 분류된다.

1) 기내 수하물 방식의 동물 운송(PETC: Pet in Cabin)

고양이와 새, 소형견만 기내 수하물로 운송 가능하며, 설치류를 포함한 기타 모든 애완동물은 위탁 수하물로 운송해야 한다. 기내 반입 시 고양이나 개의 경우 한 마리 무게가 각각 5킬로그램 이하여야 하며, 운반 시 규격화된 우리를 이용하여 운송하여야 한다. 이러한 운송 규정은 각 항공사마다 자체 규정에 따라 조금씩 다르게 적용되긴 하지만 공통된 IATA 규정을 기반으로 한다.

2) 위탁 수하물 방식의 동물 운송(AVIH: Animal in Hold)

위탁 수하물로 운송되는 애완 동물의 경우 애완 동물이 일어서고 눕고 돌아설 수 있는 크기의 적절한 컨테이너가 제공되어야 한다. 단단히 고정되어 있어야 하며 여행 기간에 따라 애완 동물에게 먹이를 주고 청소하고 물을 마실 수 있도록 해야 하는 경우도 있다. 일부 항공사는 자체 항공기 내에서 허용하는 사이즈에 맞추어 규격화된 운반 컨테이너를 판매하기도 한다.

PGSA는 동물을 비행기에 탑승시키기 전에 필요한 문서와 동물의 신체 상태를 확

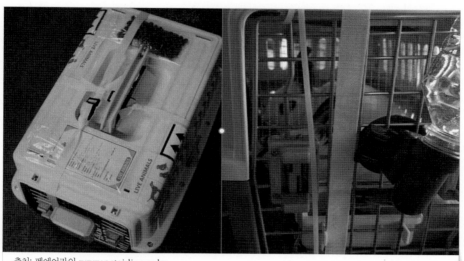

출처: 펫에어라인 www.petairline.co.kr

🖋️ 그림 6-22_ 위탁 수하물로의 동물 운반의 예

인해야 한다. AVIH의 경우 항공 화물로 운반 승인되어 화물 비용을 지불하는 방식이며, 승객의 항공 예약을 통한 동반 여행이 아닐 경우라도 단독 화물 운송이 가능하다.

살아있는 동물을 운반하고자 하는 승객은 출발 국가, 입국 국가, 환승 국가에서 필요한 모든 문서를 사전에 준비해야 한다. 많은 국가에서 동물 입국에 대해 매우 엄격한 규정을 적용하며, 이를 준수하지 않을 경우 벌금이 부과되고 종종 입국 국가 도착 시 검역소에서 입국 전 장기간의 체류를 요구하기도 하므로 많은 비용이 부과될 수 있다.

항공사에서 규정하는 '운송 조건'은 애완 동물에 대한 보장을 제외하는 경우가 많으므로 승객이 탑승 전, 혹은 운반 전에 애완 동물에 대한 보험을 가입하는 것이 좋다.

기내에 반입하거나 화물칸에 반입하는 애완 동물을 항공으로 운송할 경우 항상 항공사에 사전 통지해야 하며, 운송 예약을 항공사로부터 승인받아야 가능하다.

애완 동물의 운송 요금은 해당 항공사 요금마다, 여정마다 다르게 적용되며, 각 항공사에서 확인할 수 있다. 반려 동물의 운반은 무료 수하물 허용량에 포함되지 않으므로 추가 비용을 지불해야 한다.

⑩ 장애가 있는 승객을 위한 안내견

시각 장애인 승객 혹은 그 외 이동 시 안내견을 필요로 하는 승객들은 무료로 안내견을 운송할 수 있으며, 승객과 동일한 기내 공간에서 있게 된다.

청각 장애인 승객뿐 아니라 정서적 지원 동물의 탑승이 무료로 제공되나 일부 항공사에서는 최근 논란이 자주 되고 있는 정서적 지원 동물의 기내 탑승을 제한하기도 한다.

훈련된 안내견은 무료로 기내에 동반할 수 있으며, 승객의 이동 시 도움을 줄 수 있도록 승객의 좌석 발 밑 빈 공간에 위치하게 된다. 안내견의 역할 및 종류는 다음과 같다.

- 시각 장애가 있는 승객을 안내하도록 훈련된 시력견
- 청각 장애가 있는 승객을 안내하도록 훈련된 보청견
- 간질 또는 자폐증과 같은 승객을 보조하도록 훈련된 기타 보조견
- 구조견

🐾 그림 6-23_ 이동에 장애가 있는 승객과 안내견

⑪ 무기 및 탄약

무기 및 탄약의 종류는 다음과 같다.

- 실제 무기(총기, 장총, 권총 등)
- 무기와 비슷한 종류의 제품
- 소형 무기용 탄약 및 그 외 화기성으로 오해할 수 있는 제품
  - ⑩ 신호탄, 화기 및 장난감 총알, 총기 모양의 라이터, 작살, 활

스포츠 또는 사냥용 무기만 승객 수하물로 운송할 수 있으며, 스포츠 무기는 사격 게임, 새 및 기타 동물의 표적 사격, 클레이 사격 및 대회 사격을 위해 고안된 제품을 의미한다.

탄약의 경우 1.4S 규격으로 소형 무기(⑩ 사냥 및 스포츠용 무기)용 탄약만 허용된다. 승객당 최대 총 중량 5kg을 초과하지 않아야 하며, 위탁 수하물로만 운송 가능하다.

반드시 항공 운송에 적합하게 안전한 포장이 된 경우만 가능하며 잠겨져 있어야 한다.

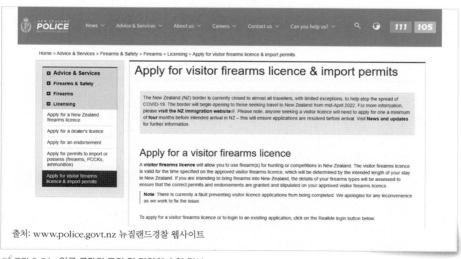

출처: www.police.govt.nz 뉴질랜드경찰 웹사이트

🖋 그림 6-24_ 입국 국가의 무기 및 탄약의 승인 정보

핵심 학습 포인트

항공사의 특수 수하물에는 다양한 종류가 있으며, PGSA는 수하물의 종류와 상태에 따라 어떻게 운송 승인을 해야 하는지 잘 숙지하고 있어야 한다. 특수 수하물의 규정은 IATA가 정한 규정 내에서 각 항공사마다 차등적으로 적용하고 있으며, 추가 비용이 들어가는 경우가 대부분이지만, 휠체어나 안내견과 같은 이동에 제한을 가진 특수 승객에게 필요한 장비나 동물일 경우 무료 서비스로 제공된다.

7. 수하물 처리 시스템

수하물 처리 시스템(BHS)은 항공기 출발 시 승객의 위탁 수하물을 체크인 카운터에서 컨테이너나 카트에 실을 수 있는 장소로 운반하는 공항에 설치된 컨베이어 시스템이다. 항공기 도착 후 위탁 수하물을 수하물 찾는 곳으로, 혹은 연결 항공편이 있는 경우 다른 비행기에 실을 수 있도록 운반하는 역할도 한다.

1 수하물 처리 시스템(BHS: Baggage Handling System)

그림 6-25_ 인천 국제 공항 제2여객 터미널 내의 수하물 이동 시스템

BHS의 주요 기능은 수하물 운송이지만 일반적인 BHS는 수하물이 공항의 올바른 위치에 도착하는지 확인하는 것과 관련된 기능을 수행한다. 시스템 내에서 가방이 어디로 운송되어야 하는지 결정짓기 위해 수하물을 식별하는 과정을 수하물 분류라고 하며, 바코드 판독기와 같은 적절한 수하물 처리 절차 및 기술을 도입함으로써 실현 가능하게 되었다.

② 보안 검색

🐚 그림 6-26_ BHS의 수하물 이동 경로의 예

출처: 엑스포라인 www.expoline.co.kr

🐚 그림 6-27_ 화물 터미널 내의 수하물 적재 모습

IATA PSCRM RP1800은 항공사 운영 내 자동 수하물 처리에 대한 규정을 제공하며, 수하물 처리 방식에 대해 항공사, 공항 및 시스템 제공사에 권고 사항을 제공한다.

해외에서 출발하는 수하물 및 환승 수하물의 자동 검색은 무기, 폭발물 또는 기타 위험한 장치를 식별하거나 감지하는 수하물 보관 검색 시스템에 의해 처리된다.

③ 수하물 분류

수하물 분류는 출국 시 나가는 수하물과 해외에서 입국하여 목적지로 환승하는 수하물을 분리하는 것을 의미한다. 대부분의 항공사는 자동 수하물 분류 시스템을 사용하며, 적재 및 하역 우선 순위에 따라 목적지까지 수하물을 정확하게 자동으로 분류할 수 있다. 일등석 및 수하물 수취에 우선 순위가 부여되는 수하물일 경우 마지막에 적재하고 도착 시 먼저 내리게 된다.

체크인 카운터에서 승객 수하물에 라벨을 부착하고 보안 검색을 마치면 PGSA는 수하물 컨베이어 벨트(수하물 처리 시스템)에 수하물을 올려 놓게 되며, 특정 항공사는 수하물이 분류 구역에 도착하기 전에 자체적으로 수하물 검사를 수행하기도 한다.

🐚 그림 6-28_ BHS의 수하물 분류 작업

수하물 자동 분류 시스템에 부착된 스캐너로 바코드가 있는 수하물 라벨을 스캔하면 수하물 분류가 가능하며, 분류된 수하물은 목적지 및 서비스 우선 순위(일등석, 비즈니스 클래스, 환승 시간이 짧은 환승 수하물)에 따라 수하물 팔레트 또는 컨테이너에 적재된 후 항공기로 운송된다.

빠른 운반이 필요한 환승 수하물 운송이 분류 시스템을 통하여 식별되고, 터미널에서 터미널로의 이동이 빠르고 정확하게 수하물을 운송할 수 있게 한다.

④ 수하물 일치

모든 한국 출발 수하물은 보안을 위해 출발 승객과 수하물이 일치하는지에 대한 수하물 조정을 수행한다. 승객 및 수하물의 정보는 수하물 일치 시스템(BRS: Baggage Reconciliation System)에 저장되어 운항 항공편에 대한 승인이 진행된다.

수하물 일치의 목적은 승인된 가방, 즉 해당 항공편으로 여행하는 승객의 수하물이 ICAO 부속서 17 및 ICAO 문서 8973에 따라 보안 통제 조치를 받은 수하물만 운송하기 위함이다.

⑤ 수하물 수취

출처: 베트남 다낭 국제공항 Da Nang International Airport

🖋 그림 6-29_ 수하물 수취 구역의 컨베이어 벨트

비행기가 도착하면 항공기에서 수하물을 내리고 컨베이어 벨트를 통해 수하물 찾는 곳으로 운반된다. 공항 보안 강화의 일환으로 수하물이 승객에게 전달되기 전에 보안 및 세관 검색이 쉽게 진행되도록 설계되었다.

🔑 핵심 학습 포인트

PGSA는 승객 수하물을 자신의 수하물처럼 최대한 조심스럽게 처리해야 한다. 공항의 자동화 시스템 도입으로 인하여 탑승권 인쇄뿐 아니라 수하물 태그를 인식할 수 있는 셀프서비스 기능을 이용하는 승객들이 늘어나고 있다. 이미 많은 공항에서 셀프 백드롭 카운터가 설치되어 있으며 집에서도 수하물 태그를 인쇄할 수 있는 기능 또한 도입되고 있다. 이 기능은 아직까지는 일부 항공사에서 제공하고 있으나, 점차 많은 항공사에서 도입할 계획이다.

PGSA는 수하물 취급 오류를 방지하기 위해 수하물 허용 기준 및 특별 수하물 취급 규칙을 준수하는 것이 중요하며, BHS를 통해 분류된 수하물은 서비스별로 우선 순위를 나누어 승객의 편리함과 시간을 절약할 수 있게 도와준다.

Study Check

1. 다음 중 승객 수하물의 범주에 속하지 않는 것을 고르시오.

   ⓐ 기내 수하물
   ⓑ 특수 수하물
   ⓒ 위탁 수하물
   ⓓ 화물

2. 다음 중 특수 수하물의 종류에 속하지 않는 것을 고르시오.

   ⓐ 승무원의 수하물
   ⓑ 무거운 수하물
   ⓒ 기내 수하물
   ⓓ 첼로

3. 다음 중 항공사가 수하물 승인을 거부할 수 있는 경우를 고르시오.

   ⓐ 항공 예약 시 요청되어 서비스가 확약된 기내 반려견
   ⓑ 전동 배터리로 움직이는 휠체어
   ⓒ 화장된 유해
   ⓓ 관계 법령에 금지되는 물품

4. 다음 중 수하물 태그 내에 표기되는 정보가 아닌 것을 고르시오.

   ⓐ 출발지
   ⓑ 도착지
   ⓒ 탑승 터미널
   ⓓ 탑승 항공사

Study Check

5. 다음 중 수하물 우선 서비스 대상이 아닌 것을 고르시오.

   ⓐ 일등석 승객의 수하물
   ⓑ 기내 반려견 동반 승객의 수하물
   ⓒ 비동반 소아 승객의 수하물
   ⓓ 마일리지 상위 등급 승객의 수하물

6. 연결 항공편 수속 중 타 항공사로 연결하는 경우를 온라인 환승이라고 한다.

   ⓐ True
   ⓑ False

7. 승객과 승객의 수하물은 동일한 항공사에 탑승하여야 한다.

   ⓐ True
   ⓑ False

8. 위탁 수하물을 무게 개념으로 책정하는 항공사는 수하물 개수에 상관없이 총 중량만을 책정하여 수속 진행한다.

   ⓐ True
   ⓑ False

9. PGSA는 수하물 수속 시 수하물의 파손 여부는 확인할 필요가 없다.

   ⓐ True
   ⓑ False

10. 화장된 유해는 반드시 위탁 수하물로만 허용 가능하다.

    ⓐ True

    ⓑ False

승객 분류
Passenger Category

◎ 학습 내용

- 항공사의 승객 분류
- 승객 분류에 따른 제공 서비스
- 승객 분류에 따른 서비스 코드
- 승객 분류에 따른 서비스 절차

DCS
Introduction to Airport Check-in Services

DCS 공항 수속 서비스 개론

항공사는 다음과 같이 승객의 범주를 구별하여 서비스를 제공한다.

- VIP 중요한 승객
- 임산부
- 유아
- 비동반 소아 승객(UM: Unaccompanied Minor)
- 에스코트 서비스가 필요한 승객(MAAS: Meet and Assist) 및 언어 문제가 있는 승객 (LANG)
- 거동이 불편한 승객(PRM: Passenger with Reduced Mobility)
- 추가 좌석이 필요한 승객
- 추방자 및 입국 불가 승객
- 선원

이 장에서는 각 승객 분류에 따른 특별 서비스 및 규정이 설명되어 있다. 항공사는 모든 범주의 승객을 규정에 따라 처리하며 이러한 승객들은 탑승 클래스 또는 필요한 서비스에 관련된 항공사 규정에 따라 서비스가 진행된다는 점에 유의하는 것이 중요하다. PGSA는 이러한 승객에게 제공되는 서비스 방식과 주의할 점을 사전에 잘 숙지하고 있어야 한다.

승객 체크인을 시작하기 전에 PGSA는 수속 전 준비 업무를 수행해야 한다. 이는 각 항공사의 규정과 일치하는지에 대한 사전 확인 및 필요한 모든 데이터가 체크인 시스템에 올바르게 전송되었는지 확인하는 데 필요하다.

우선 PGSA는 항공기 좌석 예약 상황을 검토하고 공동 운항 항공편에 할당된 항공 좌석이 계약 항공사에 올바르게 예약된 좌석 수만큼 보장이 되었는지 확인해야 한다. 그런 다음 승객 이름 목록(PNL: Passenger Name List, 출발 3일 전 승객 명단)과 추가 및 삭제 목록(ADL: Addition and Deletions List, 최종 확약된 출발 1일 전 승객 명단)이 제대로 전송되었고 예약 상태와 일치하는지 확인해야 한다.

또한 PGSA는 항공기 무게와 균형을 확인하며, 기내에 사용할 수 없는 좌석이 있는지 여부를 확인해야 한다. 간혹 좌석의 등받이나 선반 등이 작동하지 않거나 부서

져 있는 경우도 있으므로, 출발 전 좌석 수리가 가능한지, 만석이 아닐 경우 문제가 발생한 좌석을 비우고 운항이 가능한지의 여부도 매우 중요한 체크 포인트이다. 좌석의 배열이 항공기 유형 및 버전에 맞는지 확인해야 하며, PNR에 승객의 상태를 기록하고 탑승 시간, 출발 시간 및 탑승구를 검토해야 한다. 또한 항공기 지연이 발생하였는지에 대하여서도 반드시 확인해야 한다.

PGSA는 특별 승객(⑩ 휠체어 요청 승객, 비동반 소아 승객 등)의 PNL을 확인하고 항공사 정책 및 항공기 유형에 따라 좌석을 사전 할당하여 서비스 진행에 문제가 없도록 한다. 특별 승객이 사전에 예약하지 않은 경우에 PGSA는 유아 또는 어린이가 있는 가족을 위한 좌석을 준비하고 이동에 제한이 있는 승객에게 맞는 좌석을 제공하여야 한다.

공용 여객 처리 시스템을 사용하거나 웹 체크인이 가능한 항공사의 경우 항공편 상태가 웹 체크인이 가능하도록 열려 있는지 확인해야 한다.

체크인이 시작되기 직전에 PGSA는 수속에 필요한 장비를 사전에 시작하고 테스트해야 한다. 수하물의 무게를 측정하는 저울이 제대로 작동하는지 여부를 포함하여, 항공사 요구 사항에 따른 보딩패스와 수하물 태그 프린터를 준비해야 한다.

수속 데스크, 항공사 발권 데스크, 수하물 위탁 구역 및 환승 카운터는 위험물의 종류와 내용 등에 대한 표기를 눈에 띄게 표시하여야 한다. 또한, PGSA는 프리미엄 클래스 승객 수속을 위한 카펫, 수하물 프레임 등 필요한 장비를 설치하여 체크인을 준비하게 된다.

1. 중요한 승객

항공사에서 규정한 중요한 승객의 범주는 다음과 같이 구분할 수 있다.

① VVIP(Very Very Important persons): 국가 원수 및 가족 구성원, 대통령

② VIP(Very Important persons): 최고 수준의 국가 관리 및 외교관, 특정 기업의 최고 수준의 수장, 세계적으로 유명한 사람

③ CIP(Commercially Important persons): 자신의 비즈니스 상태나 기능이 여행 준비에 영향을 미칠 수 있는 승객. 항공사는 CIP의 항공사에 대한 충성도에 따라 특정 혜택과 서비스를 제공한다.

대부분의 경우 CIP 승객은 항공사의 상용 고객 우대 프로그램을 소유하고 있으며, 그중에서도 높은 등급(⑩ 실버, 골드, 플래티넘 등)을 유지하고 있다.

항공사 정책에 따라 VVIP, VIP 및 CIP는 다음과 같은 자격을 부여받는다.

- 항공 예약의 우선권
- 지상 서비스 및 기내 서비스 시 우대

모든 공항에서 전용 체크인 카운터인 VIP 라운지를 이용할 수 있는 권리와 대기자 명단 시 우선 탑승의 권한을 부여받기도 한다. 일부 항공편에서는 탑승 시 우선권이 있으며 목적지 공항에서는 위탁 수하물의 우선 처리권한을 부여받는다. 또한, 좌석 선택 시 추가 요금 지불과 같은 제한 사항이 드물게 적용되며 예약 및 수속 시 VIP 코드를 입력하여 수하물에 우선 순위 태그를 부착한다. 항공편이 취소되거나 지연되는 상황이 발생할 경우 항공사가 서비스를 제공하는 첫 번째 승객이 된다.

① VVIP, VIP, CIP 승객의 서비스

이러한 범주의 승객에게 서비스를 제공할 때는 항상 다음과 같은 규정을 준수해야 한다.

- 예약은 일반 예약과 동일한 방식으로 이루어지나 승객의 서비스 범주를 표기하기 위해 PNR상에 승객의 신분과 VVIP/VIP/CIP 표기가 반영되어야 한다.

예약 부서는 VIP에 관한 특별 메시지를 출발지와 도착지 모두에 미리 공지해야 한다.

```
RP/SELK1394Z/SELK1394Z              AA/SU  23MAY22/0503Z   6HZ873
9427-7268
  1.KIM/KASA MS
  2  KE 657 C 01JAN 7 ICNBKK HK1  0915 1315  01JAN  E  KE/6HZ873
  3  KE 654 C 11JAN 3 BKKICN HK1  0100 0830  11JAN  E  KE/6HZ873
  4 AP 010 123 1234 PAX
  5 TK OK23MAY/SELK1394Z
  6 OSI KE VIP-CEO OF AAA CORP      VIP 승객/AAA회사 CEO


  --- RLR ---
RP/SELK1394Z/SELK1394Z              AA/SU  23MAY22/0521Z   6HZ873
9427-7268
  1.KIM/KASA MS
  2  SK5113 C 14FEB 2 CPHARN HK1  0720 0835  14FEB  E  SK/6HZ873
  3  SK5507 C 18FEB 6 ARNCPH HK1  1715 1825  18FEB  E  SK/6HZ873
  4 AP 010 123 1234 PAX
  5 TK OK23MAY/SELK1394Z
  6 OSI SK VIP-BRITISH PRIME MINISTER
```

출처: 토파스셀커넥트 예약 화면

🐚 그림 7-1_ 토파스셀커넥트를 통한 항공 예약 시 VIP 표기 화면

- VIP 응대 시에는 선호하는 좌석이 사전에 지정되어야 하며, 항공 예약을 진행할 때 좌석 요청을 확약하고, 수속 시스템에 좌석 요청 기록이 전달되어야 한다.
- VIP 승객들이 공항에 도착하면 출발 또는 도착 시 항공기까지의 안내 및 차량을 통한 운송 등에 서비스를 제공해야 한다. 또한, 수하물에는 우선 서비스를 위해 Priority Tag 우선 서비스 라벨을 부착한다. 위탁 수하물은 적재 시 다른 수하물과 분리하여야 하며 목적지에서 가장 먼저 수취할 수 있도록 보장되어야 한다.
- 도착 시 공항의 시설이 허용되는 경우 별도의 도착 터미널/VIP 라운지까지 에스코트하도록 배정된 직원의 서비스가 제공된다.

2. 임산부

임산부는 다른 승객과 일반적으로 동일한 조건이 적용되며, 필요한 경우 항공사 직원의 특별한 지원이 제공되기도 한다. 임신 마지막 주의 경우 항공기 탑승에 특정 규정이 적용되기도 하지만, 임신 32주차 미만인 경우 대부분의 항공사들은 항공기 탑승에 제한을 두지 않는다. 그러나 적용 규정이 항공사마다 다르기 때문에 항공사에서 요구하는 의사의 진단서가 필요할 경우도 생긴다.

34주 이후부터 출산일까지의 항공기 탑승은 항공사 의료 서비스 부서에서 승인을 받아야 가능하며, 다태 임신 및 임신 합병증 등 항공기 탑승에 무리가 간다고 판단되는 경우에는 여행 전 의사 소견서와 해당 항공사의 탑승 승인을 받아야 한다.

임산부는 비상구 열에 앉지 못하도록 좌석 제한을 받는다.

3. 유아 Infant

출발일에 만 2세 생일이 지나지 않은 좌석 비점유 승객을 유아 승객으로 정의하며, 다음과 같은 사항을 준수하여야 한다.
- 기내 아기 바구니 좌석 신청 가능(항공기마다 제공할 수 있는 개수에 제한이 있으며, 유아의 개월 수와 키, 몸무게 등은 항공사 규정에 따라서 서비스 제공된다.)
- 유아용 구명 조끼 준비
- 유아용 좌석 벨트 준비

항공기당 허용되는 최대 유아 수는 항공기에서 제공할 수 있는 보조 산소 마스크 수에 따라 제한되며, 기내 아기 바구니를 신청하고자 할 경우 항공 예약 시 사전에

항공사 예약 부서에 요청하여 확약을 받아야 한다. 아기 바구니는 무료로 제공 가능하며 항공기종에 따라서도 제공 개수가 제한되므로, 사전 예약 없이 공항에서 요청시 제공이 불가능한 경우도 있다.

4. 비동반 소아(UMNR; Unaccompanied Minor)

비동반 소아(UMNR)는 다음과 같은 규정에 적용되는 아동 승객을 의미한다.

- 혼자 여행하거나 부모와 같이 여행하는 경우라도 부모의 항공 좌석이 다른 탑승 클래스인 경우
- 만 5세가 되었지만 만 12세가 되지 않은 소아 승객이 만 12세 이상의 보호자 동반 없이 여행하는 경우(12세에서 17세 사이의 어린이는 요청 시 어린이 승객[YP; Young Passenger]에게 제공되는 서비스를 받을 수 있음)

UM 및 YP의 연령 제한은 항공사마다 자체 규정에 따라 다를 수 있으며, 경유 항공편이 발생하는 경우 서비스 제공이 불가할 수도 있다.

UM 예약 시 부모 혹은 보호자는 다음과 같은 책임과 의무를 지닌다.

- 항공사 예약 사무소에 UM 서비스 신청
- 출발 및 도착 시 인도의 주체가 되는 보호자의 이름, 주소 및 전화번호 제공

이때 보호자는 출발 공항까지 UM을 에스코트하고 항공사 체크인 시 수속 직원이 예약을 통해 UM 승객인지 확인시켜야 한다. 또한 목적지 공항의 도착 홀에서 UM 승객을 항공사 직원으로부터 인도받는다.

- UM 승객이 출발 공항에서 적절하게 안내되었는지 확인한다.
- UM 승객이 목적지 공항에서 적절하게 안내되었는지 확인한다.
- 항공기가 직항이 아닐 경우, 경유지에서 필요한 준비 및 비용이 적절하게 서비스되었는지 확인한다.

🐌 그림 7-2_ 소아의 기내 여행

UM 승객의 예약은 모든 여정이 확약되어야 하며 도착지에서의 수하물 처리 시 서비스가 지연되지 않아야 한다. 기내에서는 적절한 서비스를 위해 특정 좌석을 지정하여, UM 승객이 불안하지 않게 수시로 점검한다. 장애가 있거나 아픈 어린이는 UM 예약이 제한될 수 있다.

UM 승객이 여행하는 동안 UM 관련 문서를 작성하여 소지하여야 한다. 문서의 내용은 보호자의 연락처, 주소 및 전화번호와 함께 출발 및 도착 공항에서 승객을 인도하는 데 필요한 모든 관련 정보를 기입해야 한다.

CUSTODIANSHIP DECLARATION - (PARENT/GUARDIAN)
보호자 동의 확인서 - (부모/보호자)

STUDENT Information / 학생 신상 정보

Student Name / 학생성명	Citizenship / 국적	Date of Birth (dd/mm/yyyy) 생년월일	Sex / 성별 M:[ ] F:[ ] 남 여

Name and address of School in Canada / 캐나다 현지 학교명 및 주소

PARENT/GUARDIAN Information / 부모/보호자 신상 정보

Full Name / 성명	Date of Birth (dd/mm/yyyy) 생년월일	
Current Address / 현재주소	Telephone (Home) /전화번호(집) ( ) –	Telephone (Work) / (직장) ( ) –
	E-mail Address / 이메일 주소	

CUSTODIAN Information / 현지 보호자 신상 정보

Full Name / 성명	Date of Birth (dd/mm/yyyy) 생년월일	
Present Position / 현 직급	E-mail Address / 이메일 주소	
Current Address / 현재주소	Telephone (Home) /전화번호(집) ( ) –	
	Telephone (Work) / 전화번호 (직장) ( ) –	

I, _____ (name of parent/guardian), solemnly declare that I am the parent or legal guardian of the Student. While the Student is in Canada, she/he will be in the Custodian's care. I have granted my authorization and adequate arrangements have been made for the Custodian to act in place of me in times of emergency, such as when medical attention or intervention is required, but also for day-to-day care and supervision of the Student as appropriate.

상기본인은 (부모/보호자) 학생의 부모/법적 보호자임을 선언하며, 학생이 캐나다에 있는 동안 평상시 또는 비상시 보호자 역할을 할 수 있는 권리를 보호자 대행에게 위임하며 이에 따른 모든 필요한 조치를 사전에 취하였음을 확인함.

The Custodian will be legally responsible for the Student until she/he is of legal age in the province or territory of _____(province/territory)

보호자 대행은 상기 학생이 캐나다(지방/지역)에서 인정하는 법정연령이 될 때까지 법적인 책임을 짐.

Signature of parent/guardian :_____   Date: _____

(부모/보호자 서명)   (날짜)

(동란은 작성 불요)

Sworn before me at : _____(city),

in the Province of _____(province/territory),

_____ Country (if applicable)

This _____day of _____(month), _____(year)

Signature of Notary : _____   Official Seal of Notary Public

출처: 대한항공 www.koreanair.com

🛫 그림 7-3_ 대한항공의 UM 서비스 신청 시 작성 서류

UNACCOMPANIED MINOR
Request for Carriage — Handling Advice

ABC AIRLINES

FULL NAME OF MINOR		AGE	SEX	LANGUAGES SPOKEN

Given Name(s)　　　　Nickname　　　　Family or Surname

PERMANENT ADDRESS AND TELEPHONE No. OF MINOR _____

FLIGHT DETAILS

FLIGHT NO. _____ DATE _____ FROM _____ TO _____
FLIGHT NO. _____ DATE _____ FROM _____ TO _____
FLIGHT NO. _____ DATE _____ FROM _____ TO _____

PERSON SEEING OFF ON DEPARTURE – Name, Address and Telephone No.

PERSON MEETING AND SEEING OFF AT STOPOVER POINT – Name, Address and Telephone No.

PERSON MEETING ON ARRIVAL – Name, Address and Telephone No.

SIGNATURE FOR RELEASE OF MINOR FROM AIRLINES' CUSTODY

DECLARATION OF PARENT GUARDIAN

1. I confirm that I have arranged for the above mentioned minor to be accompanied to the airport on departure and to be met at stopover point and on arrival by the persons named. These persons will remain at the airport until the flight has departed and/or be available at the airport at the scheduled time of arrival of the flight.
2. Should the minor not be met at stopover point or destination, I authorize the carrier(s) to take whatever action they consider necessary to ensure the minor's safe custody including return of minor to the airport of original departure, and I agree to indemnify and reimburse the carrier(s) for the costs and expenses incurred by them in taking such action.
3. I certify that the minor is in possession of all travel documents (passport, visa, health certificate, etc.) required by applicable laws.
4. I the undersigned parent or guardian of the above mentioned minor agree to and minor named above and certify that the information provided is accurate.

Name, Address and Telephone No. _____

SIGNATURE

Date _____

AIRLINE STAFF IN CHARGE OF MINOR WHILST IN THEIR CUSTODY

ESCORT AT THE DEPARTURE AIRPORT	ESCORT AT TRANSFER POINT No. 1
Name _____ Department/Airline code _____	Name _____ Department/Airline code _____
ESCORT IN FLIGHT Name _____ From/To _____ Department/Airline code _____	ESCORT IN FLIGHT Name _____ From/To _____ Department/Airline code _____
ESCORT AT ARRIVAL AIRPORT Name _____ Department/Airline code _____	ESCORT AT TRANSFER POINT No. 2 Name _____ Department/Airline code _____
SPECIAL INSTRUCTIONS, IF ANY (to be completed by issuing office)	ESCORT IN FLIGHT Name _____ From/To _____ Department/Airline code
_____	ESCORT AT STOPOVER POINT TO PERSON MEETING* Name _____ Department/Airline code _____
_____	ESCORT AT STOPOVER POINT ON DEPARTURE* Name _____ Department/Airline code _____

*Remove from set if not applicable

Distribution

💿 그림 7-4_ UM Handling Advice, UM 서비스 신청 시 작성해야 하는 IATA 규정 문서

UM 서비스는 다음과 같은 절차로 진행된다.

❶ 제한 연령은 항공사에 따라 다를 수 있으나 일반적으로 만 4세 미만의 아동은 신청이 불가하다. 소아 승객의 좌석은 유료이며, 서비스가 이루어지는 구간에는 반드시 항공사 직원 및 승무원과 동행하게 되므로, 이에 대한 서비스 비용은 항공권 구매 시 추가로 지불된다.

서비스 이용료는 항공사별 규정에 따르며, 성인 항공 요금을 부과하거나 구간별 수수료를 서비스 비용으로 요청하기도 한다.

❷ 만 5세 이상부터 만 12세 미만의 소아 승객이 혼자 여행할 경우, UM 서비스 제공 규정은 소아가 부모 혹은 소아에 대한 법적 책임이 있는 사람과 함께 공항에 동행하여 항공사에 인계해야 한다.

❸ 소아 승객이 UM 서비스 승객인지 쉽게 식별하기 위해 주머니가 달린 목걸이 형태의 서류 보관함을 소아의 목에 걸어 언제든지 확인 가능하게 한다. 이 주머니에는 사전에 작성한 문서를 보관하며, 항공사마다 자체 양식은 조금씩 다를 수 있으나 기입되어 있는 정보는 동일하다.

❹ 목적지에 도착하여 PGSA는 승객을 인계받는 보호자의 신분을 반드시 확인하고 UM 문서 내의 세부 정보와 일치하는지 확인해야 한다.

UM 서비스 요청이 확약되면, 항공사는 항공사 규정에 따라 좌석을 지정하여 기내에서 UM 승객을 언제든지 살펴볼 수 있도록 준비하며, 비상구 열의 좌석 배정은 제한된다. UM 서비스 신청은 항공 예약 시 SSR(Special Service Request) 형식으로 진행되며, 서비스 코드는 UMNR이다.

출도착 시 보호자의 정보는 OSI(Other Service Information) 형식으로 입력되며, EOD(Escort of Departure)와 EOA(Escort of Arrival)에 대한 정보를 자세히 기입한다.

```
RP/SELK1394Z/SELK1394Z              AA/SU  25OCT21/0632Z    5BH4XJ
8077-8020
  1.KIM/SERA MISS(CHD/01MAY14)
  2  KE 623 Y 01NOV 1 ICNMNL HK1  1835 2145  01NOV  E  KE/5BH4XJ
  3  KE 622 Y 10NOV 3 MNLICN HK1  1230 1725  10NOV  E  KE/5BH4XJ
  4 AP 010
  5 TK PAX OK10SEP/SELK1394Z//ETKE/S2-3
  6 SSR CHML KE HN1/S2
  7 SSR CHML KE HN1/S3
  8 SSR DOCS KE HK1 P/KR/AB1234567/KR/01MAY17/F/13OCT24/KIM/SERA
  9 SSR CHLD KE HK1 01MAY14
 10 OSI KE EOD MR BLANC 89 XI APT. SEL PH.101234568
 11 OSI KE EOA MRS KIM KYUNGHAE 13 SAEMEN RD MNL PH.021234568
 12 OSI KE DOB 01MAY14
```

출처: 토파스셀커넥트 예약 시스템

◎ 그림 7-5_ 토파스셀커넥트 내의 UM 서비스 정보 입력 화면

5. 특별 승객 지원 서비스 MAAS(Meet and Assist) & LANG(Language)

항공사는 다음과 같은 승객에게 체크인 및 환승 시 도움을 주는 서비스를 제공한다.

- 노인 승객
- 도착 국가의 언어나 영어를 통한 의사소통이 어려운 승객
- 에스코트 서비스(MAAS): 처음으로 여행하는 승객이나 도착 국가에서 이동 시 도움이 필요한 노인 승객을 위한 서비스이며, PGSA를 통하여 이동 시 안내를 받을 수 있다.
- 언어 지원 서비스(LANG): 방문하는 모든 국가의 언어나 영어를 이해하기 어려운 승객을 위한 서비스이며, PGSA는 예약 시, 수속 시, 환승 시 안내하는 역할을 하게 된다. 서비스 코드는 SSR 코드를 통하여 인식되며, 공항 수속 시 승객 이름 목록(PNL)에 반영되어 승객이 수속 시 여권 등을 통한 신분 확인이 될 때 PGSA는 서비스를 제공하는 승객인지를 인지하게 된다.

```
--- TST RLR ---
RP/SELK1394Z/SELK1394Z            AA/SU   25OCT21/0639Z    6UA5PN
6334-0169
 1.KIM/KYUNGHAE MS(ADT/10NOV90)
 2  CX 421 N 01NOV 1 ICNHKG HK1  0920 1425   01NOV  E  CX/6UA5PN
 3  CX 657 N 01NOV 1 HKGSIN HK1  1600 2010   01NOV  E  CX/6UA5PN
 4  CX 714 Q 10NOV 3 SINHKG HK1  0125 0520   10NOV  E  CX/6UA5PN
 5  CX 438 Q 10NOV 3 HKGICN HK1  0810 1245   10NOV  E  CX/6UA5PN
 6 AP 0263340169
 7 APE KASA-KOREA@NAVER.COM
 8 TK OK13OCT/SELK1394Z
 9 SSR MAAS CX HN1 NO SPEAKING ENGLISH/S2
10 SSR MAAS CX HN1 NO SPEAKING ENGLISH/S3
11 SSR MAAS CX HN1 NO SPEAKING ENGLISH/S4
12 SSR MAAS CX HN1 NO SPEAKING ENGLISH/S5
```

그림 7-6_ 토파스셀커넥트 내의 MAAS 서비스 정보 입력 화면

6. 이동이 불편한 승객 PRM(Passenger with Reduced Mobility)

이동에 제한성이 있는 승객이 적절한 지원을 제공받을 수 있도록 PGSA가 다양한 유형의 장애를 인식하는 것이 매우 중요하다. 기술적인 부분 및 서비스 운영상의 이유로 항공기의 특정 좌석은 의료 서비스가 필요한 승객, 장애인 승객의 운송을 용이하게 하기 위해 지정된다.

이동이 불편한 승객의 탑승 허가 및 운송은 IATA PSCRM 결의안 700의 규정에 따르며 결의안에서 다음과 같이 PRM을 정의한다.

신체 장애(이동 또는 감각), 지적 장애, 연령, 질병 또는 기타 장애 원인으로 인해 이동성이 저하되고 다른 승객에게 제공되는 서비스 이상으로 어느 정도의 지원이 필요한 승객을 의미한다. 항공사 및 공항의 지원 서비스는 승객의 상태와 요구 사항에 따라 매우 다양하게 지원된다.

PRM은 승객이 요구하는 특별한 서비스에 따라 다음과 같이 서비스 코드를 분류할 수 있다. 서비스 코드는 항공사 예약 시 SSR 사항으로 요청되며, PNR(Passenger Name Record) 내에 입력되어 공항 수속 시 서비스 제공이 가능하도록 메시지가 전달되게 된다.

- BLND(Blind Passenger): 안내견 Service Animal 혹은 Guide dog을 동반 가능
- DEAF(Deaf Passenger): 안내견 Service Animal 혹은 Guide dog을 동반 가능
  대부분의 시각 장애인 및 청각 장애인 승객은 안내견과 함께 기내 탑승이 가능하며, 안내견의 예약은 PETC(Pet in Cabin) 코드를 사용하여 예약이 가능
- DPNA(Disabled Passenger): 도움이 필요한 지적 또는 발달 장애가 있는 장애인 승객
- WCHR(Wheelchair - R for Ramp): 휠체어 요청 승객
  경사로 오르거나 내릴 수 있으며, 어느 정도 보행이 가능하나 장시간 보행이 힘든 경우
- WCHS(Wheelchair - S for Steps): 휠체어 요청 승객
  계단을 오르거나 내릴 수 없지만 기내 좌석으로의 이동이 가능한 경우
- WCHC((Wheelchair - C for Cabin): 휠체어 요청 승객
  계단뿐 아니라 기내 좌석까지 이동도 매우 어려운 경우

```
Blind Passenger
SR BLND
SR PETC-SEEING EYE DOG LABRADOR
SR OTHS-MICROCHIP 36475859
Deaf Passenger
SR DEAF
SR PETC-HEARING AID DOG GOLDEN RETRIEVER
SR OTHS-MICROCHIP 95847352
```

그림 7-7_아마데우스 시스템 내의 안내견 서비스 코드 입력의 예

휠체어 승객에 대한 위의 서비스 코드는 항공사 및 공항에서 제공하는 휠체어를 사용하는 경우이며, 승객이 자신의 휠체어를 휴대할 경우는 다음과 같은 서비스 코드를 사용해야 한다. 휠체어 서비스는 무료로 제공되며, 무료 수하물 허용량에 포함되지 않는다.

🐌 그림 7-8_ 공항 내 휠체어 승객의 이동

- WCBD(Wheelchair with Dry Battery): 건식 배터리를 사용하는 휠체어
- WCBW(Wheelchair with Wet Battery): 습식 배터리가 장착된 휠체어
- WCBL(Wheelchair with Lithium Battery): 리튬 배터리가 장착된 휠체어
- WCMP(Wheelchair with Manual Power): 개인 휴대 휠체어 중 수동 휠체어는 배터리가 없으므로 분리하여 운송하지 않으며, WCMP 코드를 사용하여 예약
- WCOB(Wheelchair On board): 승객이 기내 이동 시 휠체어를 요청하는 경우

휠체어의 무게와 사이즈는 항공 예약 시 입력되어야 하며, 배터리가 있는 휠체어 운송은 항공사에 사전 통지해야 한다. 수속 시 반드시 배터리를 분해하여 운송 가능하며, 휠체어와 배터리는 각 환승 지점에서도 회수하고 확인해야 한다.

```
1.JUNG/PATIENT MR
2  TG 403  Y 01DEC 4 BKKSIN HK1  0800 1115  01DEC  E  TG/5UHBXT
3 AP 010 111 1111 PAX
4 TK OK30JUN/SELK1394Z          • 건식 배터리 휠체어 휴대 신청 및 사이즈
5 SSR WCBD TG HN1 WT 90KGS/DIM 95X80X59CM/S2
6 SSR WCHC TG HN1 PARAPLEGIA/S2
                        • 하지마비로 인한 기내 휠체어 대여 요청
```

🐌 그림 7-9_ 토파스셀커넥트의 휴대용 휠체어 승객의 예약 예시

7. 의료적 주의가 필요한 승객

의료적 주의 및 서비스가 필요한 승객은 기내에서 건강 상태를 유지하기 위해 특정 장비나 의료적 처리가 필요하다. 기내의 여러 가지 환경이 건강 상태를 악화시킬 수 있으며, 예상치 못한 이상 행동이나 물리적 상황을 야기시킬 수도 있다. 기내 승무원은 이러한 승객에게 발생할 수 있는 여러 가지 위험 요소를 방지하고 다른 승객의 편안한 여행을 유지하기 위해, 사전에 승객 서비스 시 필요한 장비 및 요청 사항을 잘 숙지하고 있어야 한다.

① 의료적 주의가 필요한 승객 분류

의료적 주의가 필요한 승객은 다음과 같은 서비스 코드로 구분할 수 있다.

- **MEDA**(Medical Case): 기내에서의 의료적 치료가 필요한 이동에 제한성을 가진 승객
- **LEGL**(Leg in Cast): 왼발에 깁스를 장착한 승객
- **LEGR**(Leg in Cast): 오른발에 깁스를 장착한 승객
- **OXYG**(Oxygen): 기내에서 산소 호흡기가 필요한 승객
- **STCR**(Stretcher Passenger): 기내에서 기내용 침대를 사용하여야 하는 승객. 기내용 침대 장착 시 추가 좌석 예약이 필요하며, 항공기종에 따라 장착 가능한지 확인 필요

기내용 침대를 요청하는 승객은 일반적으로 구급차를 이용한 이동이 많으므로, 공항 내 구급차 이동 및 리프트를 이용한 기내 탑재 모두 사전 예약과 승인이 필요하다.

출처: 스카이메드코리아

◎ 그림 7-10_ 대한항공 환자용 침대 기내 이동 리프트

출처: 스카이메드코리아

◎ 그림 7-11_ 아시아나항공 환자용 침대 기내 이동 리프트

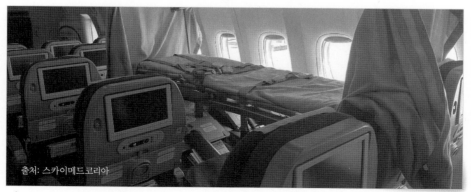

출처: 스카이메드코리아

◎ 그림 7-12_ 기내 환자용 침대 장착 방식

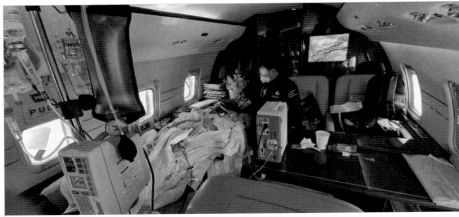

출처: 스카이메드코리아

◎ 그림 7-13_ 에어앰뷸런스 내의 환자 수송

② 의료적 주의가 필요한 승객의 탑승 서비스

의료적 주의가 필요한 승객이 기내 탑승을 하고자 할 경우 다음과 같은 사항을 확인하고 서비스를 제공하여야 한다.

❶ 기내용 의료 침대(Stretcher; STCR)의 장착이 필요한 경우 운항 항공사의 예약 부서에 사전 예약을 요청하고 의사 소견서 및 항공사에서 요구하는 의료 기록 양식(MEDIF; Medical Information Form)을 작성한다. 항공사의 운송 확약은 해당 기종의 기내용 의료 침대 장착 여부와 환자의 건강 상태에 따라 결정되며, 일반적으로 일반석 6자리의 공간을 차지하여 예약이 진행된다.

❷ 항공사는 기내용 의료 침대 장착 시 사생활 보호를 위하여 커튼을 장착하여야 한다.

❸ 기내용 의료 침대 장착은 일반 승객이 탑승하기 전에 장착되어야 하며, 일반 승객이 하기 후 제거한다.

❹ 연결 항공편이 있는 여정일 경우 항공기 연결 시간을 여유 있게 적용한다.

❺ 기내용 의료 침대 장착은 일반석에만 설치 가능하며, 일등석 및 비즈니스석에는 좌석 구조로 인하여 장착이 불가능하다.

⑥ 무료 위탁 수하물은 항공 운임을 지불한 좌석 수만큼 적용 가능하며, 기내 수하물은 탑승 승객 수에 따라 적용된다. 즉, 기내용 의료 침대 장착용 일반석 6석과 보호자, 의료진 2석의 무료 위탁 수하물과 탑승 승객 3명(환자, 보호자, 의료진)의 기내 수하물이 적용된다.

⑦ 필요한 경우 추가 산소가 제공 가능하다.

③ 의료 기록 양식 MEDIF(Medical Information Form)

기내에서 의료적 주의가 필요한 승객이 탑승할 경우 승객은 자신의 주치의에게 MEDIF 양식을 작성하게 하여 항공사에 제출하여야 한다. 항공사는 IATA에서 규정한 공통된 양식을 통하여 환자의 상태를 전달받고 이 서류는 각 항공사의 의료팀에 전달되어 승객이 기내 탑승에 문제가 생길 수 있는지 여부를 판단하게 된다. 항공사 예약 부서는 승객이 의료적 주의가 필요한 승객임을 요청하고 MEDIF 내용을 예약 사항에 입력하여야 하며, 이를 통해 항공 의료팀은 탑승 여부를 결정짓는다. 예약 시 SSR 코드를 사용하며 MEDA의 서비스 코드를 입력한다.

승객의 탑승이 허가되면 항공사는 승객이 출발, 도착하는 공항 및 환승 공항에 승객의 요청 사항 및 건강 상태에 대한 정보를 공유하며, 승객은 이동 시 반드시 의료진과 보호자와 동반하게 된다.

```
NM1LASTNAME/FIRSTNAME MR (IDSTCR)
SS1Y1/ST   (OR)
SSTG600Y20JULBKKHKGST1
SRMEDATG-LYING SICK


RP/BKKTG0117
1.LASTNAME/FIRSTNAME MR 2.FIRSTNAME/LASTNAME MS
TG600 C 20JUL 3 BKKHKG HK1 0800 1140
SSR MEDA TG HN1 SITTING SICK/S2/P1
SSR OXYG TG HN1/S2/P1
SSR WCHC TG HN1/S2/P11
```

✍ 그림 7-14_아마데우스 시스템 내의 타이항공사의 MEDIF 예약 진행 및 표기 방식

MEDIF–Attachment B, Part 1

Information Sheet for Passengers Requiring Medical Clearance (to be completed or obtained from the attending physician)

1. Patient's name..
   Date of Birth.................................... Sex.................... Height...................... Weight..................
2. Attending physician...
   E-mail ....
   Telephone (mobile preferred), indicate country and area code .... Fax ....
3. Diagnosis (including date of onset of current illness, episode or accident and treatment, specify if contagious).......
   ....
   ....

   Nature and date of any recent and/or relevant surgery..
4. Current symptoms and severity..
   ....
   ....
5. Will a 25% to 30% reduction in the ambient partial pressure of oxygen (relative hypoxia) affect the passenger's medical condition?
   (Cabin pressure to be the equivalent of a fast trip to a mountain elevation of 2400 meters (8000 feet) above sea level) ___Yes ___No ___Not sure
6. Additional clinical information

   a. Anemia ____ Yes ____ No   If yes, give recent result in grams of hemoglobin ....

   b. Psychiatric and seizure disorder ____ Yes ____ No   If yes, see Part 2

   c. Cardiac condition ____ Yes ____ No   If yes, see Part 2

   d. Normal bladder control ____ Yes ____ No   If no, give mode of control.............................

   e. Normal bowel control ____ Yes ____ No

   f. Respiratory condition ____ Yes ____ No   If yes, see Part 2

   g. Does the patient use oxygen at home? ____ Yes ____ No   If yes, specify how much...............

   h. Oxygen needed in flight? ____ Yes ____ No   If yes, specify ____ 2 LPM ____ 4 LPM ____ Other

7. Escort

   a. Is the patient fit to travel unaccompanied? ____ Yes ____ No

   b. If no, would a meet-and-assist (provided by the airline to embark and disembark) be sufficient? ____ Yes ____ No

   c. If no, will the patient have a private escort to take care of his/her needs onboard? ____ Yes ____ No

   d. If yes, who should escort the passenger? ____ Doctor ____ Nurse ____ Other

   e. If other, is the escort fully capable to attend to all the above needs? ____ Yes ____ No

8. Mobility

   a. Able to walk without assistance ____ Yes ____ No   b. Wheelchair required for boarding ____ to aircraft ____ to seat

9. Medication list...
10. Other medical information...

🎯 그림 7-15_ IATA MEDIF 양식 PART1

MEDIF–Attachment B, Part 2

Information Sheet for Passengers Requiring Medical Clearance (to be completed or obtained from the attending physician)

1. Cardiac condition
   a. Angina   ____ Yes   ____ No   When was last episode?...
      - Is the condition stable?   ____ Yes   ____ No
      - Functional class of the patient?
        ____ No symptoms   ____ Angina with important efforts   ____ Angina with light efforts   ____ Angina at rest
      - Can the patient walk 100 meters at a normal pace or climb 10 -12 stairs without symptoms?   ____ Yes   ____ No
   b. Myocardial infarction   ____ Yes   ____ No   Date...
      - Complications?   ____ Yes   ____ No   If yes, give details...
      - Stress EKG done?   ____ Yes   ____ No   If yes, what was the result?.....................................Metz
      - If angioplasty or coronary bypass,
        can the patient walk 100 meters at normal pace or climb 10–12 stairs without symptoms?   ____ Yes   ____ No
   c. Cardiac failure   ____ Yes   ____ No   When was last episode?...
      - Is the patient controlled with medication?   ____ Yes   ____ No
      - Functional class of the patient?
        __ No symptoms __ Shortness of breath with important efforts __ Shortness of breath with light efforts __ Shortness of breath at rest
   d. Syncope   ____ Yes   ____ No   Last episode...
      Investigations?   ____ Yes   ____ No   If yes, state results..
2. Chronic pulmonary condition ____ Yes   ____ No
   a. Has the patient had recent arterial gases?   ____ Yes   ____ No
   b. Blood gases were taken on: ____ Room air   ____ Oxygen   ....LPM
      If yes, what were the results   ....pCO_2...................pO_2
      Saturation..................................   Date of exam................................
   c. Does the patient retain CO_2?   ____ Yes   ____ No
   d. Has his/her condition deteriorated recently?   ____ Yes   ____ No
   e. Can the patient walk 100 meters at a normal pace or climb 10-12 stairs without symptoms?   ____ Yes   ____ No
   f. Has the patient ever taken a commercial aircraft in these same conditions?   ____ Yes   ____ No
      - If yes when?..
      - Did the patient have any problems?..
3. Psychiatric Conditions   ____ Yes   ____ No
   a. Is there a possibility that the patient will become agitated during flight   ____ Yes   ____ No
   b. Has he/she taken a commercial aircraft before   ____ Yes   ____ No
      - If yes, date of travel? ....   Did the patient travel   ____ alone   ____ escorted?
4. Seizure   ____ Yes   ____ No
   a. What type of seizures?....................................
   b. Frequency of the seizures....................................
   c. When was the last seizure?....................................
   d. Are the seizures controlled by medication?   ____ Yes   ____ No
5. Prognosis for the trip   ____ Yes   ____ No
   Physician Signature.. Date ....

Note: Cabin attendants are not authorized to give special assistance (e.g. lifting) to particular passengers, to the detriment of their service to other passengers. Additionally, they are trained only in **first aid** and are not permitted to administer any injection, or to give medication.
Important: Fees, if any, relevant to the provision of the above information and for carrier-provided special equipment are to be paid by the passenger concerned.

그림 7-16_ IATA MEDIF 양식 PART2

4 **의료적 주의가 필요한 승객의 서비스 절차**

- 수속 시 승객 확인: 수속 시 승객이 여권을 제시함으로 인해 신원 확인을 통한 승객의 서비스 요청 코드를(STCR, MEDA, OXYG, WCHC 등) 확인하게 된다. PGSA는 승객의 예약 사항 내에 SSR 코드를 이용한 서비스 코드를 인지하고 서비스를 진행해야 한다.
- 승객의 이동 시 휠체어 및 다른 보조 장비가 필요한지 확인한다.
- 일반 승객보다 먼저 탑승을 진행한다.
- 승객이 사용하는 이동 장비 등이 위탁 수하물로 보내질 경우 가장 먼저 하기하도록 준비하며, 특히 휠체어와 같은 장비 등은 탑승구에서 가장 가까운 곳에 준비하도록 한다.
- 승객의 좌석은 비상구 좌석과 가까운 곳에 배치하지 않는다.
- 승객이 목적지에 도착하면 도착 공항의 PGSA가 예약 사항에 요청되어 있는 서비스 코드에 맞추어 서비스를 진행한다.

5 **추가 좌석**

기내에서의 추가 좌석은 크게 3가지 목적으로 요청된다. IATA PSCRM 결의안 720a에 따르면 추가 좌석 요청 시 서비스 승인 및 업무 절차에 대해 다음과 같이 규정한다.

1) 기내 수하물을 위한 추가 좌석

승객이 위탁 수하물로 보내기 어려운 수하물일 경우 좌석을 구매하여 기내 수하물을 탑재하는 방식이며, 항공 예약 시 수하물의 좌석과 항공권을 별도로 구매하여 추가 수하물을 탑재하게 된다. 첼로나 콘트라베이스와 같은 부피가 큰 악기 종류가 대부분이며 사용하는 서비스 코드는 CBBG(Cabin Baggage)로 사용한다.

2) 승객 서비스를 위한 추가 좌석

승객의 옆 좌석을 구매하여 보다 편리하게 여행하고자 하는 승객의 경우 추가 좌

석을 구매할 수 있다. 항공 예약 시 추가 좌석과 항공권을 별도로 구매하며, 사용하는 서비스 코드는 EXST(Extra Seat)이다.

3) 기내용 의료 침대 장착을 위한 추가 좌석

기내용 침대를 이용하여 여행하는 승객은 항공사에 사전 예약 시 일반석 6석을 예약하게 되며 반드시 보호자와 동반하여야 한다. 일반석 항공 운임의 5-6배를 지불하게 되며 사용하는 서비스 코드는 STCR(Stretcher)이다.

🔑 핵심 학습 포인트

PGSA는 승객의 분류에 따라 적절한 서비스를 제공해야 한다. 항공 예약 시 요청되어 있는 서비스 코드를 통해 탑승 서비스를 준비해야 하며, 특히 의료적 주의가 필요한 승객의 탑승 시 승객의 상태가 기내 환경에 의해 악화될 수 있으므로, 사전에 의료진과 보호자의 확인을 받아야 한다.

---

8. 강제 추방 및 입국 거절

입국 시, 혹은 입국 후 입국하고자 하는 국가에서 승객을 비자 문제 등으로 입국 허가하지 않는 경우 강제 추방 혹은 입국 거절이라고 하며, 이는 어느 국가나 종종 발생한다.

강제 추방과 입국 거절은 다음과 같이 분류된다.

1 강제 추방

강제 추방은 입국하고자 하는 국가에 합법적, 혹은 불법적인 방법으로 입국 심사대를 통과하여 입국한 승객이 입국 후에 국가 당국의 규정에 따라 출국을 요청받은

경우를 의미한다. 합법적으로 입국했으나 후에 입국 취소나 비자 만료 등으로 출국을 요청받을 수 있으며, 입국 국가의 규정을 따르지 않거나 범죄 기록이 있을 경우에도 강제 추방이 발생한다.

강제 추방이 되는 승객 타입은 다음과 같이 2가지 유형으로 구분하며, 각 유형에 적용되는 서비스 코드도 상이하다.

1) DEPU: Deportee unaccompanied

추방 시 동반자 없이 승객 혼자 출국하는 경우

```
1.HONG/KILDONG MR(IDDEPU)   승객 이름에 DEPU 표기
2  KE 651 U 03SEP 6 ICNBKK HK1  1805 2145  03SEP  E  KE/6W2XSN
3 AP 000000
4 TK OK07JUN/SELK1394Z
5 SSR DEPU KE HN1/S2
```

그림 7-17_ 토파스셀커넥트 내의 DEPU 승객의 예약

2) DEPA: Deportee accompanied by an escort

추방 시 동반자와 함께 출국하는 경우

```
1.HONG/KILDONG MR(IDDEPA)   승객 이름에 DEPA 표기
2  TG 657 V 01SEP 4 ICNBKK HK1  1020 1410  01SEP  E  TG/6VYDCE
3  TG 341 V 01SEP 4 BKKKHI HK1  1935 2235  01SEP  E  TG/6VYDCE
4 AP 0000
5 TK OK07JUN/SELK1394Z
6 SSR DEPA TG HN1 DRUG TRAFFICKING/PAKISTAN/S2
7 SSR DEPA TG HN1 DRUG TRAFFICKING/PAKISTAN/S3
8 SSR OTHS TG ESCORTED BY KIM/KYUNGCHAL MR IN PNR ABCDEF   동반 승객 정보 표기
```

그림 7-18_ 토파스셀커넥트 내의 DEPA 승객의 예약

강제 추방 승객 유형의 예

강제 추방 승객 유형	
DEPU	DEPA
다른 승객에게 위험하지 않은 승객	다른 승객을 위협할 수 있는 승객
해당 국가에 체류 예정 기간을 초과하는 경우	폭력적인 범죄를 저지른 경우
위조 서류를 이용하여 입국하는 경우	약물 중독인 경우
비폭력적인 사유로 수감 후 형이 종료된 경우	폭력성을 지닌 정신 질환을 가진 경우
건강 악화와 같은 의료적 치료가 필요한 경우	전염성을 가진 질병을 가진 경우

3) 강제 추방 승객의 절차

출입국 심사대는 대상 승객을 재출국시키기 위해 관련 항공사에 연락하여 출국 준비를 하게 된다. 출국 시 필요한 항공 좌석 예약 및 항공권을 확인하고, 이때 일반적으로 일반 승객의 좌석과 조금 떨어진 맨 뒷좌석에 자리를 지정하게 된다. 다른 승객들과 교류하지 않도록 주의를 주고, 만약 범죄와 연관된 승객일 경우 경찰 및 강제 이송을 담당하는 관련자가 동반하여 출국하게 된다.

출국 시 사용되는 항공권은 출국을 담당하는 항공사가 승객이 소지하고 있는 출국 항공권의 날짜 변경 등을 예외사항으로 적용하여 탑승 승인을 하게 된다. 새로운 항공권을 구매해야 할 경우, 출국자의 비용으로 구매하는 것이 원칙이다.

항공권을 담당하는 직원은 예약과 발권 시 예약 사항 내에 DEPU, 혹은 DEPA를 표기하여야 하며, 타 항공사로 연결 항공편이 있을 경우 해당 항공사에 강제 추방에 대한 메시지를 전송해야 한다.

② 입국 거절

입국 거절 승객은 입국하고자 하는 국가에서 비자 및 여권의 유효 기간 만료 등의 이유로 입국을 거절당하여 본국으로 되돌아가는 승객을 의미한다.

입국 허가 및 거절은 공항에 승객이 도착할 때 즉시 결정되므로, 입국 허가가 되지 않을 경우 입국 심사대를 통과할 수 없다.

- 입국 시 준비 서류가 완벽하지 않거나 유효하지 않은 여권 및 비자를 소지한 승객
- 불법 고용의 형태가 의심되는 승객
- 사용할 수 있는 현금이 전혀 없는 승객

입국 거절 승객이 왕복 항공권을 지니고 있을 경우 항공권의 날짜 변경이나 최소 체류 기간 등의 규정이 적용되어도 항공권의 운임 규정을 예외적으로 적용하여 도착 시 바로 출국 가능하도록 항공권을 변경하게 된다. 이때 사용하는 서비스 코드 및 항공권 표시 코드는 INAD(Inadmissible)이다.

입국 거절 승객이 편도 항공권을 지니고 있을 경우 승객은 입국했던 출발지로 다시 돌아가는 항공편에 탑승하여야 하며, 일반적으로 돌아가는 항공권을 구매할 책임은 승객 본인에게 있으며, 승객이 경제적으로 지불할 능력이 없다고 판단될 경우 인도적인 차원에서 출국 항공사나 해당 대사관에서 지원하여 본국으로 송환하는 경우도 있다.

```
1.HONG/KILDONG MR(IDINAD)  승객 이름에 INAD 표기
2   MH  067 Q 01SEP 4 ICNKUL HK1   1100 1635   01SEP  E   MH/6WBRQS
3   MH  114 Q 01SEP 4 KULKTM HK1   2000 2230   01SEP  E   MH/6WBRQS
4 AP 0000
5 TK OK07JUN/SELK1394Z
6 SSR DEPU MH HK1 INAD/S2
7 SSR DEPU MH HK1 INAD/S3
```

그림 7-19_ 토파스셀커넥트 내의 동반자가 없는 INAD 승객의 예약

```
1.HONG/KILDONG MR(IDINAD)  승객 이름에 INAD 표기
2   MH  067 Q 01SEP 4 ICNKUL HK1   1100 1635   01SEP  E   MH/6WBRQS
3   MH  114 Q 01SEP 4 KULKTM HK1   2000 2230   01SEP  E   MH/6WBRQS
4 AP 0000
5 TK OK07JUN/SELK1394Z
6 SSR DEPA MH HK1 INAD ESCORTED BY KIM/KYUNGCHAL MR/S2
7 SSR DEPA MH HK1 INAD ESCORTED BY KIM/KYUNGCHAL MR/S3
```

그림 7-20_ 토파스셀커넥트 내의 동반자와 출국하는 INAD 승객의 예약

9. 무상 승객 Non-Revenue Passenger

유상 승객, 즉 항공권을 구매하여 탑승하는 승객 이외에도 항공사는 여러 다양한 종류의 무료 항공권, 혹은 특별 할인권을 제공하기도 한다. 이러한 할인을 제공받는 승객은 대부분 항공사 직원, 혹은 여행사 직원 및 가족들이며 본인 소속 항공사의 항공권(ID 혹은 AD)뿐 아니라 계약되어 있는 다른 항공사들의 할인 항공권(ZED; Zonal Employee Discount)도 제공받을 수 있다.

탑승 시 우선 순위는 항공기가 만석일 경우 유상 승객이 탑승한 후 좌석 대기를 해야 하며, 할인의 종류 및 탑승 클래스는 근무 연수나 직급에 따라 다르게 적용된다. 무상 승객에 대한 항공권의 사용 코드는 다음과 같이 구분된다.

🌐 무상 승객의 항공권 사용 코드

여행 종류	사용 코드	내용
Industry Discount	ID	항공사 직원이 사용하는 무료 혹은 할인 항공권
Agent Discount	AD	여행사 혹은 관련 업체가 사용하는 무료 혹은 할인 항공권

ZED 항공권의 경우 자신이 속해 있는 항공사 이외의 타 항공사를 이용할 경우 자사와 계약이 되어 있는 항공사를 정해진 운임 규정에 따라 신청하여 사용할 수 있는데, 많은 항공사들이 다음 웹사이트 신청 방식을 사용한다. 항공 운임은 목적지까지의 거리에 따라 차등 적용되며, 탑승 클래스 및 좌석 확약 여부에 따라 다르다.

🌀 그림 7-21_ ZED 항공권 웹사이트 신청의 예

    항공사 입사 후 직원 고유 번호를 부여받게 되며, 자신의 가족을 웹사이트 내에 등록하여, 추후 항공권 신청 시 직계 가족 및 항공사에서 허용하는 가족 범위까지 할인 항공권이 제공 가능하다.

Study Check

1. 다음 중 승객 분류를 위한 서비스 코드가 아닌 것을 고르시오.

   ⓐ MEDA
   ⓑ CIP
   ⓒ UMNR
   ⓓ CEO

2. 다음 중 의료적 주의를 요하는 승객에게 요청되는 서비스 코드를 고르시오.

   ⓐ MEDA
   ⓑ DEPA
   ⓒ CBBG
   ⓓ UMNR

3. 다음 중 무상 승객이 사용하는 할인 코드가 아닌 것을 고르시오.

   ⓐ VIP
   ⓑ ZED
   ⓒ AD
   ⓓ ID

4. 다음 중 의료적 주의가 필요한 승객이 사용하는 서비스 코드가 아닌 것을 고르시오.

   ⓐ OXYG
   ⓑ WCHR
   ⓒ DEPA
   ⓓ STCR

Study Check

5. 다음 중 특별 승객 지원 서비스에 해당하는 서비스 코드를 고르시오.

   ⓐ ZED
   ⓑ DPNA
   ⓒ DPNU
   ⓓ MAAS

6. 다음 중 휠체어를 요청한 승객의 서비스 코드가 아닌 것을 고르시오.

   ⓐ WCHR
   ⓑ WCHS
   ⓒ WCHC
   ⓓ LANG

7. 항공사는 승객이 방문하는 국가의 언어를 이해하기 어려울 경우 수속 및 환승 시 서비스를 제공할 수 있다.

   ⓐ True
   ⓑ False

8. 입국 심사대에서 입국 거절당하여 비자발적으로 본국으로 돌아가는 승객의 예약에 입력하는 서비스 코드는 DPNA이다.

   ⓐ True
   ⓑ False

9. 항공사는 이동에 제한이 있는 승객의 안내견을 승객과 기내 동반 탑승을 허용한다.

   ⓐ True

   ⓑ False

10. 의료적 주의가 필요한 승객은 모든 승객이 탑승한 후 탑승을 진행한다.

   ⓐ True

   ⓑ False

정답 : 1.ⓓ   2.ⓐ   3.ⓐ   4.ⓒ   5.ⓓ   6.ⓓ   7.ⓐ   8.ⓑ   9.ⓐ   10.ⓑ

도착 및 환승 서비스

DCS
Introduction to Airport Check-in Services

항공기 도착 시 승객에게 제공되는 서비스를 위하여, PGSA는 출발지에서 보내는 항공기 정보에 대한 도착 메시지를 참조하여 도착 기능을 수행할 수 있도록 준비해야 한다. 도착 서비스는 다음과 같은 점을 고려하여 항공사의 서비스가 진행되어야 원활한 서비스가 진행되며, 여행 후의 승객 불만을 최소화할 수 있다.

- 출장 목적의 승객은 동일 항공사 및 목적지를 방문할 확률이 많다.
- 평균적으로 탑승한 승객의 대부분은 왕복 또는 환승 티켓을 소지한다.
- 항공사는 항공사가 통제할 수 없는 부분인 불편한 공항 도착 시설이나, 어려운 입국 심사에 대한 비효율성에 대해 비난을 받을 수 있다.
- 도착 시설과 서비스에서 받는 느낌은 승객이 다음 여행을 위해 선택하는 항공사에 결정적인 영향을 미칠 수 있다.
- 연결편이 있는 승객은 환승 데스크 내에서 대기하며, PGSA는 신속한 환승 서비스에 익숙해야 연결편 승객이 편리하게 최종 목적지까지 여행을 진행할 수 있다.

1. 사전 준비 Pre-Arrival Duties

항공편 도착을 준비하기 위해서는 다음과 같은 몇 가지 사전 업무가 있다.

1 도착하는 승객과 수하물을 처리하는 데 필요한 직원이 있는지 확인한다.
2 환승 시간이 짧은 승객을 위해 빠른 이동을 도와줄 서비스를 준비한다.
3 도착 시 항공기 지연이 예상되는 경우를 대비한다.

항공기 도착 전에 항공기에 대한 정보는 출발지에서 항공기가 출발한 후 DCS를 통하여 전달되는 메시지를 통해 확인할 수 있으며, 이 메시지는 도착 항공편을 처리하는 직원이 읽고 조치를 취해야 한다.

메시지의 종류는 다음과 같이 3가지로 확인할 수 있다.

- 승객 서비스 메시지(PSM; Passenger Service Message)

  하기 시 도움이나 특별한 서비스가 필요한 승객 명단 및 정보

- 승객 환승 목록(PTM; Passenger Transfer Message)

  환승 시간이 12시간 미만인 연결 항공편을 이용하는 환승 승객 명단

- 승객 명단(TPM; Teletype Passenger Manifest)

  승객 목록 및 준비가 필요한 특별 서비스 정보

항공기 도착 시 직원이 상주하여 도착 서비스 또는 개인 맞춤형 승객 서비스를 제공할 준비가 되어 있어야 한다. 특히 비동반 소아나 이동이 불편한 승객 리스트가 있을 경우 빠른 수하물 하기 및 신속하고 편안한 이동을 위한 관련 서비스를 제공해야 한다.

출처: 트래블북스

🍥 그림 8-1_ 조지아 트빌리시 공항 도착 홀

환승 시간이 짧은 승객의 경우 가능한 한 빠른 연결을 위해 사전 준비해야 하며, 항공기 도착이 지연될 것으로 예상되는 경우 다른 항공사와 협력하여 항공기 연결에 최대한으로 차질이 없도록 준비한다.

2. 도착 후 서비스 Post Arrival Service

항공편이 목적지 공항에 도착하면 승객에게 다음과 같은 서비스가 제공된다.

- 항공편에서 하기하는 승객을 안내한다.
- 필요한 경우 이름 표기를 한 사인 보드나 안내 방송 등을 통해 승객을 호출한다.
- 이동 시 도움이 필요한 승객(비동반 소아 혹은 이동이 불편한 승객 등)에게 서비스를 제공한다.
- 정부 관련 승객에게 서비스를 제공한다.
- 입국 심사 시 서비스가 필요한 승객에게 도움을 준다.
- 기내 수하물 및 위탁 수하물의 통관을 확인한다.
- 필요한 경우 코로나 등의 건강 증명 및 검역을 확인한다.

사전에 승객이 특별 서비스 요청을 한 경우 승객은 항공사에서 제공하는 서비스를 제공받을 수 있으며, 도착 시 본인의 신원 확인을 위해 항공사 직원을 호출하거나 항공사 직원의 승객 확인이 필요하다.

❶ 수하물 인도

항공기에서 터미널 내 수하물 인도는 모든 승객의 위탁 수하물이 이동된 후 가능한 한 빨리 픽업될 수 있도록 즉시 수행되어야 한다.

🐌 그림 8-2_ 베트남 푸꾸옥 공항의 수하물 인도 장소

VVIP, VIP 및 CIP에 속하는 위탁 수하물은 우선 수하물 및 승무원 수하물을 포함한 다른 모든 수하물보다 먼저 인도되어야 하며, 그 다음으로 퍼스트 클래스, 비즈니스 클래스 및 상용 고객의 수하물 순으로 인도된다.

UM, 장애인 및 휠체어 승객과 같이 특별 취급이 필요한 승객의 가방은 이코노미 수하물 배송 전에 우선 수하물과 함께 배송되며, 승무원 수하물은 승객의 수하물과 별도로 운송된다.

수하물 분실 또는 파손에 대한 불만은 수하물 인도 장소에서 근무하는 직원이 현장에서 신속하게 처리해야 한다.

3. 수하물 오류

IATA PSCRM에 따르면 잘못 취급된 수하물의 정의는 손상, 지연, 분실 혹은 도난 당한 수하물을 의미한다. 여정이 복잡하고 환승이 많을수록 수하물이 잘못 취급될 가능성이 높아지며, 연결편이 있는 항공편은 수하물이 분실될 가능성이 훨씬 더 높다.

수하물이 분실되는 데에는 여러 가지 이유가 있으며, 승객의 탑승이 늦어질 경우 항공기에 수하물을 실을 시간이 충분하지 않을 경우가 많다. 또한, 수하물 태그가 떨어질 경우 공항에서 수하물의 목적지를 파악할 수 없고, 수하물 라벨을 잘못 판독하거나 수하물이 잘못된 위치에 놓일 수 있으므로 이에 따른 오류도 많이 생길 수 있다. 수하물 무게나 사이즈에 문제가 있는 경우도 있으며, 보안 등의 문제로 인해 수하물이 지연되어 도착할 수도 있다.

승객은 목적지 공항에 도착 시 수하물 찾는 부서에 잘못 취급된 수하물을 보고해야 하며, PGSA는 승객이 제공한 정보에 따라 분실 혹은 수하물 손상 신고서를 작성하고 승객에게 신고서 사본을 제공한다.

대부분의 항공사는 IATA와 SITA가 공동으로 제공하는 시스템인 World Tracer 라는 글로벌 시스템을 통하여 분실 수하물 및 습득 수하물 정보를 공유한다. 모든 분실 수하물 정보는 이 시스템에 보관되고, 일치하는 항목이 발견되면 수하물 소유자에게 전달된다. 잘못 취급된 수하물의 대부분은 48시간 이내에 승객에게 전달되며, 인터넷을 통하여 신고 번호 조회를 입력하여 진행 상황을 모니터링할 수도 있다.

추적번호 예: SINEK19666

SIN	EK	19666
싱가포르	에미레이트 항공사	5자리 일련번호

신고 번호의 형식은 AAABBNNNNN의 형식이며, 여기서 AAA는 공항 코드, BB
는 항공사 코드, NNNNN은 5자리 추적 번호이다.

출처: http://www.worldtracer.aero

🌀 그림 8-3_ SITA의 수하물 추적 시스템

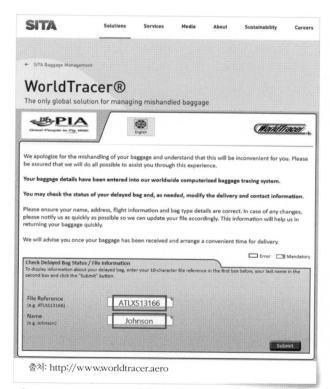

출처: http://www.worldtracer.aero

🌀 그림 8-4_ SITA & World Tracer 웹사이트 화면

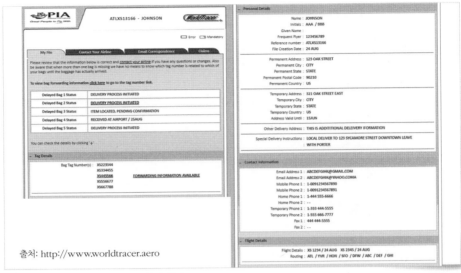

출처: http://www.worldtracer.aero

🍥 그림 8-5_ World Tracer 수하물 추적 화면

시스템을 통하여 수하물이 발견되면 승객에게 알리게 되며, 분실물 보관소에서 수하물을 직접 찾을지 아니면 택배를 통해 집이나 호텔에서 받게 될지 결정할 수 있다. 이때 승객의 과실이 아닌 경우 일반적으로 택배 비용은 항공사에서 부담한다.

항공사는 다음과 같은 경우 잘못 취급된 수하물의 경로를 변경하여 목적지까지 운반할 책임이 있다.

- 출발해야 하는 수하물이 적재되지 않고 지상에 남아 있는 경우
- 환승 수하물 – 환승 승객의 수하물이 연결 항공편에 실리지 않은 경우
- 출발 공항에서의 실수로 인해 수하물이 다른 지역에 도착한 경우
- 항공사나 공항의 요청에 따른 특정 상황의 경우

수하물이 발견되면 필요한 세관 및 검역 등을 위해 수하물 처리 구역으로 운송되며 항공사는 신속하게 정확한 목적지로 수하물을 보내게 된다. 승객의 불편을 줄이기 위해 항공사는 목적지가 승객의 집이 아닌 경우 필요한 세면도구, 의류 및 기타 생활 필수 용품에 대해서는 승객 비용에 대해 보상을 한다.

여행 중에 가방이 손상되는 경우도 있으나 일부 손상(⑩ 바퀴 및 손잡이 파손)은 항공사의 운송 계약에 따라 보상되지 않을 수도 있다. 일부 항공사들은 승객의 편리한 여행을 위하여 항공사의 귀책이 아니더라도 손상에 드는 비용을 지원해 주기도 한다.

① 수하물 분실 원인

수하물 분실의 주된 원인은 취급 부주의가 큰 부분을 차지하며, 다음과 같은 다양한 이유로 발생된다. 대부분의 수하물 분실의 원인은 환승 시 연결편 항공기에 탑재가 되지 않아서 발생한다.

- 항공편 환승 지점에서의 연결 문제(49%)
- 탑재 실패(15%)
- 발권 오류/가방 바뀜/보안/기타(15%)
- 탑재 및 하기 오류(6%)
- 공항/세관/날씨/공간 중량 제한 등의 사유(7%)
- 도착 공항에서의 취급 부주의(3%)
- 수하물 라벨 오류(4%)

② 수하물 분실 방지

수하물이 잘못 취급되는 데는 다양한 원인이 있지만 몇 가지 체크리스트를 확인하면 잘못된 취급을 사전에 방지하는 데 도움이 될 수 있다.

- 가방마다 승객의 이름과 주소, 목적지가 제대로 표시되어 있는지 확인한다.
- 오래된 혹은 이전에 사용하였던 수하물 태그를 제거했는지 확인한다.
- 가방이 단단히 고정되어 있는지 확인한다.
- 수하물에 라벨 부착 시 최종 목적지를 승객에게 재확인한다.
- 수하물 수취 시 승객이 소지한 라벨과 수하물 식별 라벨이 일치하는지 확인한다.

4. 환승 서비스

환승 승객의 정의는 다음과 같다.

- 환승 지점에 도착한 후 24시간 이내에 다음 목적지로 출발할 예정인 항공편의 예약을 확정했거나 요청한 사람
- 출발지에서 연결편을 포함하여 최종 목적지까지 수하물을 위탁한 사람

연결 항공편의 출도착은 환승 지역의 동일 공항이 아닐 수도 있다. 인천에서 출발하여 런던을 거쳐 파리로 가는 승객이 히드로 공항에서 게트윅 공항으로 이동하여 갈 경우 반드시 동일 공항이 아니더라도 24시간 이내 환승 시 환승 승객이라고 정의한다.

출발지와 목적지 사이의 여행을 중간 기착지에서 의도적으로 중단하는 것을 도중 체류(Stopover)라고 하며, 도중 체류는 환승으로 간주되지 않는다. 일반적으로 중간 기착지에서 24시간 이상 체류 시 도중 체류로 간주한다.

환승 승객이 있을 경우 PGSA는 다음과 같이 수속 업무를 진행한다.

① 탑승 게이트에서 환승 승객 수와 연결 항공편의 수하물의 목록을 확인한다.
② 승객과 수하물을 연결 항공편으로 신속하게 이동하기 위해 필요한 모든 준비를 한다.
③ 승객의 원활한 연결편 탑승을 위해 환승 승객 수, 환승 수하물 수, 출발 항공편의 예상 도착 시간을 환승 공항에 정보 전달한다.

항공기 지연 시 연결 항공편의 탑승이 불가할 수 있으므로 출발지에서 승객이 탑승하기 전 최종 목적지에 도착하는 연결편 항공편에 대해 계획을 세워야 한다. 항공사는 원칙적으로 자사 항공편의 연결 스케줄을 우선으로 승객에게 제시하며, 승객이 불편한 스케줄로 인하여 고객 불만을 제기할 경우 타사의 항공편을 이용하도록 제시하기도 한다.

항공기 지연은 항공사의 귀책이 아닌 경우도 빈번하므로, 이때 항공사가 다른 항공사의 연결편으로 항공기를 양도하게 될 경우 항공사의 경제적 손실은 매우 크게 발생할 수 있으므로, PGSA는 승객과의 원활한 소통을 통해 자사 항공편의 일정을 사용하도록 유도하여야 한다.

이때, 승객과 수하물은 반드시 같은 항공편으로 이동한다.

5. 항공기 비상 상황

유럽 연합 규정 EC 261/2004는 탑승 거부, 항공편 취소 및 지연의 경우 승객을 지원하기 위해 공통으로 적용되는 규정을 설정하고, 항공사는 목적지에 따라 변경될 수 있는 항공기 비상 상황의 경우 적용되는 일반적인 규정을 정하였다.

1 항공기 비상 상황

항공기 비상 상황은 다음과 같은 상황에서 발생될 수 있다.
- 항공기 지연
- 항공기 연결 문제
- 회항
- 램프로 복귀하는 경우
- 운항 취소
- 항공기 스케줄 변경 및 잘못된 예약
- 수속 마감 시간의 오류
- 초과 판매

1) 항공기 지연

실제 출발(Outbound)이 예정보다 늦어지거나, 실제 도착(Inbound)이 예정보다 늦는 경우 항공 스케줄 운항상의 시간과 상이하게 된다. 항공기는 대부분 Quick-Turn이 일반적이므로, 도착한 항공편의 기내 청소 및 정리 후 1시간 남짓 후에 재출발하게 되므로, 늦은 출발이나 도착은 다음 항공편의 지연과 연결 항공편 스케줄이 있는 승객에게 큰 영향을 미치게 된다.

2) 항공기 연결 문제

연결 항공편 스케줄이 있는 승객의 항공편이 늦게 도착할 경우 항공편의 연결 시간이 최소 연결 시간인 경우 다음 연결편에 탑승할 수 없는 경우가 발생된다. 항공사는 이런 경우 연결이 가능한 항공편으로 최대한 예약을 진행하여 승객을 탑승시키려고 노력하거나 불가피할 경우 숙박을 제공하여 다음 날 탑승을 제안하기도 한다.

3) 회항

회항은 항공기가 공중에 떠 있을 때 발생하며, 운항 스케줄이 확약되지 않은 공항에 도착하거나 출발했던 공항에 재착륙하는 경우를 의미한다. 착륙 직전 공항의 기상 상태가 눈이나 바람, 안개, 화산재 등으로 인하여 시야가 확보되지 않아 인근 다른 지역의 공항에 비상 착륙하는 경우를 예로 들 수 있다.

4) 램프로 복귀

항공기가 게이트를 떠나 활주로로 이동하는 중 여러 다양한 사유(기체 결함 발견, 기내 응급 사태 발생 등)로 게이트로 다시 돌아오는 경우를 의미한다. 짧은 시간 내 문제 해결 후 재출발할 경우 동일한 항공편으로 운항하기도 하고, 지연이 길어져서 다음 날 출발할 경우 다른 항공기와 구분하기 위해 항공편명을 변경하여 운항하기도 한다. 지연이 길어지게 되면 항공기 취소가 되는 경우도 있다.

5) 운항 취소

취소된 항공편은 시스템에 등록된 항공편 번호로 운항되지 않는 항공편이다. 사전

에 취소가 결정되는 경우도 있고, 출발 당일 취소 통보를 받을 수도 있다. 취소된 항공편을 예약한 승객은 항공사에서 승객의 예약 시스템에 항공편 취소를 입력해 놓으며, 메시지를 전달받은 항공사, 예약을 직접 진행한 항공사 지사, 여행사는 승객에게 취소 사실을 통보하게 된다.

6) 항공기 스케줄 변경 및 잘못된 예약

전자 항공권에 표기된 일정과 실제 예약이 다를 경우, 혹은 확약되지 않은 항공권을 소지한 경우나 항공권은 확약되었으나 항공 예약이 확약되지 않은 경우를 의미한다. 항공권에 표기된 출발 날짜 및 시간, 출도착지 등이 실제 예약과 상이한 경우 등이 포함된다.

7) 수속 마감 시간 오류 및 초과 판매

탑승객이 탑승 수속 마감 시간을 잘못 인지하여 다른 카운터에서 대기하거나, 항공사가 정해진 좌석 수보다 많이 초과 판매하여 늦게 수속하는 승객에게 좌석을 공급할 수 없는 경우 등 다양한 이유로 수속이 지연될 수 있다. 항공기의 수급이 부족하여 출발 당일 날 갑자기 항공기 변경이 생기는 경우 판매 좌석보다 변경된 항공기의 좌석 수가 적으면 탑승 불가한 승객이 발생할 수 있으며, 이는 항공기 지연으로 연결된다.

항공기는 다음과 같이 국가적으로나 정부 문제가 결부된 주요 사항으로 인하여 영향을 받기도 한다. 단기적, 혹은 장기적으로 공항이 폐쇄되어 항공기가 취소되는 경우도 있고, 해당 국가의 영공을 사용하지 못하는 경우 출도착을 하지 않는 경우라도 항로를 변경하여 더 오랜 시간 동안 운항을 해야 하기도 한다.

❶ 파업

공항 파업, 승무원 파업, 조종사 파업 등으로 인한 항공기 운항 불가

② **공공 복지 위험**

반란, 천재지변 등으로 인하여 인명과 재산을 위태롭게 하거나 재난을 발생시키는 상황

③ **전쟁**

전쟁으로 인한 항공기 운항 취소 및 항로 변경

④ **정부 제재**

정부 지침으로 인한 공항 폐쇄나 항공기 이착륙 금지 등으로 인해 항공기 운항 불가

그 외의 발생 가능한 기타 항공기 운항 불규칙 상황은 다음과 같다.

🌐 비자발적 경로 변경 Involuntary Rerouting

비자발적 경로 변경은 원래 계획했던 것과 다른 서비스를 사용하여 승객을 최종 목적지 또는 중간 기착지로 운송하는 것을 의미한다. 다음과 같은 불규칙 상황 중에 발생하게 된다.

- 항공편 취소
- 예정된 시간에 비해 상당한 비행 지연
- 중간 기착지의 착륙 취소 및 예약된 항공편의 탑승 보장 불가
- 기존에 예약한 연결편에 대한 탑승 보장 불가

🌐 비자발적 업그레이드 Involuntary Upgrade

승객의 비자발적 상위 클래스로의 이동은 승객에게 추가 비용 없이 다음과 같은 경우에만 적용한다.

- 이코노미석 예약 승객 탑승 수속 완료 후 초과 판매된 좌석의 항공권을 지닌 승객
- 예약된 승객 또는 대기자 명단에 있는 승객은 항공편 종료 전 체크인 카운터에서 대기하여 항공편 담당 매니저의 승인을 기다려야 한다.

- 항공편 담당 매니저의 판단으로 유료 항공권을 소지한 항공사 충성 고객 등은 체크인 카운터에서 대기하거나 대기자 예약 시 좌석 승급을 진행하기도 한다.

비자발적 업그레이드는 전체 탑승 수속 조건이 충족되는 경우 수속이 마감되기 전에 수행할 수도 있다. 상위 클래스로 승급을 진행할 승객을 선택할 때에는 다음과 같은 선택 기준을 적용한다.

- 자사의 상용 고객 회원 확인
  대부분의 대상이 모두 회원일 경우 등급별로 차등화
- 항공권 운임이 비싼 예약 클래스로 예약이 되어 있는지 확인
- 승객의 외모/이미지가 상위 서비스 클래스와 맞는지 확인
  반바지 차림이나 유소아 동반 승객일 경우 상위 클래스 승객의 대부분이 비즈니스 출장 승객이거나 CEO 등이므로 서비스에 방해가 되지 않는지를 판단
- 특별식을 요청하지 않은 승객
- 다구간 항공편을 탑승하지 않는 승객

🌐 비자발적 다운그레이드 Involuntary Downgrade

하위 클래스로의 비자발적 이동은 승객의 원래 클래스에서 사용 가능한 모든 좌석을 사용한 후에만 가능하다. 상위 클래스의 초과 예약 또는 예약된 것보다 더 적은 수의 상위 클래스 좌석이 있는 항공기로 변경되는 경우 비자발적 다운그레이드가 발생한다. 간혹, 일등석 항공기 운항이 갑자기 일등석이 없는 항공기로 운항하거나, 비즈니스 클래스 항공 좌석이 기존 예약보다 좌석 수가 적은 항공기로 대체되거나 하는 경우이다.

항공사는 다운그레이드된 승객에게 항공 운임의 차액을 환불하게 되는데, 이때 탑승한 일반석 보딩패스와 전자 항공권을 제출하여야 한다. 많은 경우 환불 금액이 왕복 동일한 항공권으로 탑승하였을 경우에 비해 승객의 기대보다 훨씬 금액이 작으므로 승객 불만이 많이 발생하는 케이스 중 하나이다.

2 운항상의 이상 시 정보 전달

운항상의 불규칙성과 항공편 출발 지연의 모든 경우, 승객은 항공사, 여행사 및 관련 대리점을 통해 정보를 전달받아야 한다. 지연 및 그 원인에 대한 관련 정보는 해당 정보를 제공하는 업체가 이를 빨리 인지하여 탑승 시간 전까지 신속하게 제공하여야 한다.

승객에게 제공되는 모든 정보는 공항, 체크인 카운터, VIP 라운지, 탑승 게이트 등에 게시된다.

3 탑승 거부 승객(DNB; Denied Boarding)

DNB 승객은 예약이 확정되었지만 티켓이 유효하고 승객이 정확한 체크인 시간에 수속했음에도 불구하고 탑승이 거부된 승객이다. DNB 상황은 항공편 초과 예약 또는 기종 변경, 즉 원래 계획보다 작은 기종으로 항공편이 운항될 때 발생한다.

탑승 거부 시 지불되는 보상(DBC; Denied Boarding Compensation)은 항공사의 초과 예약으로 인해 탑승이 거부된 DNB 승객에게 지급되는 보상 금액을 의미한다. 항공사는 보상 금액을 현금 혹은 다음 항공권의 구매 시 사용할 수 있는 EMD 형태로 지불한다.

6. 비상 상황 대응

항공편의 불규칙한 상황이 발생하는 경우 항공사는 항상 승객의 운송을 보장하기 위해 최선을 다해야 한다. 예기치 못한 비상 상황에서 항공을 통한 승객 운송은 다음과 같은 방식으로 진행할 수 있다.

- 동일한 출발 날짜에 대체 항공편이 없을 경우 대체 날짜 제안
- 동일한 출발 날짜에 대체 항공편이 없을 경우 다른 항공사의 항공편으로 운송

• 기차나 버스 등 대체 가능한 지상 교통 수단 확인

항공기 비상 상황이 발생하였을 경우 항공사는 다음과 같은 기준으로 보상 지원을 한다. 각 항공사마다 자체 규정을 보완하기도 하고, 각 나라마다 소비자 분쟁 기준을 따라야 하는 경우도 있으나, IATA에서 권고한 기본 규정과 출발 국가의 규정을 기반으로 한다.

🌐 항공기 비상 상황 시 IATA 권고 보상 지원 규정

비상 상황	보상 지원	환불	숙박 제공/여정 변경	추가 서비스
탑승 거부	○	○	○	○
운항 취소(운항 일정 조정)	○	○	○	○
운항 취소(불가항력 조항)	X		○	○
탑승 지연	○ (3시간 이상 지연 시)	X (5시간 이상 지연 시 환불 가능)	○	○

항공편이 불규칙한 경우 항공사는 승객에게 다음 사항을 수행해야 한다.
• 항공기 운항의 지연 및 취소에 관한 모든 정보를 가능한 한 빨리 승객에게 전달한다.
• 각 승객에게 승객의 권리를 인지시키고, 승객의 의사를 반영하여 서비스를 진행한다.
  항공기 출발이 확실하지 않은 상태에서 지연이 지속되면 승객의 대기 시간이 길어지게 되고 장애인 및 노약자, 유소아 승객의 경우 육체적으로 많은 피로를 느낄 수 있으므로, 대기 시간 동안의 서비스 및 탑승 의사를 정확히 판단하여 업무를 수행한다.
• 항공편의 지연, 취소 또는 경로 변경이 예상되는 경우 PGSA는 승객 및 후속 항공사에 대한 재예약 및 안내를 위한 특별 지침 및 절차를 적용해야 한다.

❶ 비상 상황 대응 절차

1) 고객과의 의사소통

중단된 모든 서비스에 대해 승객에게 즉시 전달하고, 예정된 탑승 시간보다 늦지 않도록 정보 전달을 해야 한다. 15분마다 적절하게 업데이트하여 대기하는 승객에게 불안감을 주지 않도록 한다.

2) 항공사 간의 정보 전달

SITA 메시지는 항공사 직원이 서비스 진행을 위한 항공편의 정보뿐만 아니라 목적지 및 환승 데스크에서의 스케줄 변동 및 항공기 지연, 취소 등에 관한 메시지를 보낼 때 사용한다. 항공사 간의 정보 전달 시 많이 사용되며, 타 항공사에 승객에 대한 정보 전달 및 특별 요청 사항 등도 메시지에 포함된다.

> 🌝 SITA 메시지: 항공사 간 사용하는 통신, 메시지 시스템으로 텔렉스를 통한 메시지 전달 방식을 의미한다. 각 항공사와 해당 부서는 SITA 코드를 부여받아 해당 코드로 메시지를 전달받으므로, 항공사 간의 정보를 전달하고자 할 때에는 다음과 같은 형식으로 약자를 사용하여 관련 항공사에 보내게 된다. 이메일이 발달하고 나서부터는 SITA 메시지 사용이 과거에 비해 줄어들었다.

```
QK JFKK9UA            NRTK9NH(도쿄 NH 항공)에서 JFKK9UA(뉴욕 UA 항공)로 보내는 메시지
.NRTK9NH
#################################################
VERY IMPORTANT PASSENGER SERVICE REQUEST
#################################################
FROM: AGENT SUZUKI / KIXKINH / ALL NIPPON AIRWAYS
RE: REBOOKING REQUEST FOR DISRUPTED FLIGHT      운항 취소된 항공편의 재예약건
FLT NO: NH0153 / DATE: 02SEP99 / SECTOR: KIX-BKK   Flight Details 표기
DEP: 14:55L (LOCAL TIME) / ARR: 23:45L (LOCAL TIME)
PAX NAME: KUROKI/TOSHIHIDEMR NOGUCHI/
HIROMR KATO /TOMASITOMR
TTL NBR OF PAX: 3 PAX
INFO: ATTN UA - NH0153 CLD NRTJFK STP PSGR PRO ON
NH0983 NOW MSCNX JFK TO ORD STP PLS REBOOK ON
NEXT AVAILABLE FLIGHT STP BAG TAG DETAILS
NH000000000
```

🌀 그림 8-6_ 항공사 간 SITA 메시지의 예

3) 편의 시설 제공

통제 가능한 지연, 즉 예측 가능한 상황이 발생하는 경우 항공사는 고객에게 음료,

식사 및 교통편, 숙박시설과 같은 편의 시설을 적절하게 제공한다. 통제할 수 없는 지연인 경우, 즉 항공기 출발이나 취소 여부가 결정되지 않고 계속 대기하게 되는 경우 항공사마다 제공하는 조건이 다를 수 있으며 PGSA는 각 항공사의 서비스 매뉴얼을 확인하여야 한다.

4) 재예약

예약이 확정된 모든 승객 중 항공편에 탑승 승인된 승객에게 재예약이 허용되며, 항공기 지연이나 운항 취소로 인하여 승객의 여행 계획에 불규칙한 차질을 빚게 되어 재예약이 필요한 경우, 다음과 같은 규정에 따라 진행한다.

동일한 출발 날짜에 이용 가능한 항공편이 없거나 다음 날 항공편에 대한 좌석 확약이 불가능할 경우 버스나 기차와 같은 항공기를 대체한 교통편이 적용될 수 있다. 정시 출발이 불가능하여 승객의 일정에 차질이 생기는 경우 규정에 따라 자사 항공편을 통한 대체 항공편으로 재예약이 이루어지나, 불가피한 경우, 예를 들어 연결 항공편의 스케줄이 며칠 동안 제공되지 않거나, 대체 날짜에 자사 항공편이 운항하지 않는 날일 경우 타 항공사의 항공편으로 대체되기도 한다.

재예약 시 기본 규정은 가능한 동일한 항공사와 서비스 클래스(탑승 클래스 및 예약 클래스)로 예약을 진행하는 것이다. 항공사가 대체편에 기존 항공권과 동일한 탑승 클래스를 제공하기 어려울 경우, 상위 클래스를 먼저 제공받는 승객은 상용 고객과 상위 예약 클래스를 사용한 승객을 우선으로 진행한다. 탑승 클래스 업그레이드 시 반드시 항공사 책임자의 승인이 필요하며, 추가 비용이 적용되는 경우도 있다.

5) 여권 및 비자 확인

목적지까지의 대체 경로를 이용하게 되는 승객은 반드시 여권 및 비자 문제에 대한 확인이 필요하다. 국가마다 요구하는 여권 유효 기간과 비자 여부 및 도착 비자 요구 등은 승객이 비상 상황으로 인한 대체편을 제공받은 경우이므로, 추가적인 불편함이 발생하지 않도록 주의해야 한다.

② 비상 상황 문서 FIM

FIM(Flight Interruption Manifest)은 항공기 비상 상황으로 인한 항공편 변경 시 사용되는 운송 문서이다. FIM 발행은 원래 탑승 항공사에서 진행하며, 운항 항공사가 비상 상황으로 인해 타 항공사로의 승객 탑승을 유도함을 입증하는 역할을 한다.

FIM 내에 필수 입력 정보는 다음과 같다.
- 날짜: DD/MM/YYYY(날짜/월/연)
- 중단된 항공사 코드/편명 및 경로
- 변경된 항공사 코드/편명 및 경로
- 승객 이름 및 유형(유소아 구분)
- 항공권 번호 및 쿠폰 번호
- 기존 항공권의 표기 운임
- FIM 발행 사유: 항공기 비상 상황 사유
- 발행 항공사의 서명 혹은 직인

전자 항공권의 도입으로 FIM 발행이 줄어들고, 전자 항공권을 재발행하는 방식으로 많이 바뀌었으나, 재발행 시간이 촉박하거나 긴급 상황일 경우, 혹은 재발행이 불가한 경우 등은 타 항공사로의 승객 인도 시 FIM 발행을 진행한다.

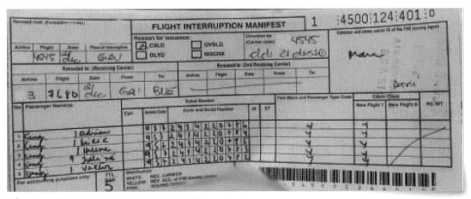

🌀 그림 8-7_ 항공권 형태의 매뉴얼 FIM 발행의 예

항공기의 불규칙한 일정 변경은 승객에게 매우 부정적인 경험을 주게 된다. 승객이 편안하게 여행을 계속할 수 있을 때까지 서비스를 제공하면서 승객의 불편을 최소화하는 것이 항공사의 임무이다. 비행 불규칙 상황을 처리하는 것은 PGSA에게 있어서 매우 어렵고 힘든 과제이다. 이러한 상황이 발생했을 경우 항공사 직원은 상황에 따른 승객의 요구 사항을 충족시키기 위해 능동적으로 대처해야 하며, 책임감 있는 서비스를 진행해야 한다.

🔑 핵심 학습 포인트

비상 상황 처리 시 PGSA는 승객이 예약된 항공편의 일정을 재예약하는 경우가 종종 발생되며, 재예약 시 기존 운항 항공사를 선택하여 예약을 하는 것이 원칙이나, 대체 항공편이 원활하게 진행되지 않을 경우 타 항공사나 경유 여정 등을 통하여 변경이 가능하다.

타 항공사로의 항공권 양도는 반드시 운항 항공사 책임자의 승인이 필요하며, 비상 상황 문서 FIM의 작성이 필요한 경우도 있다. 비상 상황은 승객의 자발적 혹은 비자발적 여정 변경이 불가피하게 발생하므로 규정과 사유에 맞는 업무 진행을 통하여 승객의 불만을 최소화하고 항공사의 재정적 손실도 최소화하여야 한다.

FLIGHT INTERRUPTION MANIFEST

1 000 4500 000 000 0

Rerouted from: (Forwarding-Carrier)				Rerouted to: (Receiving Carrier)					Rerouted to: (2nd Receiving Carrier)				
Airline	Flight	Date	Place of interruption	Airline	Flight	Date	From:	To:	Airline	Flight	Date	From:	To:

No.	Passengers Name	Ticket Number						Fare Basis and Passenger Type Code	Cabin Class:	
		Cpn	Airline code	Form and Serial Number	Ck	ET			New flight 1	New flight 2
1										
2										
3										
4										
5										
6										
7										
8										
9										
10										
11										
12										
13										
14										
15										
16										
17										
18										
19										
20										
21										
22										
23										
24										
25										
	Excess Baggage								Exc. Wt	Exc. Pc
1E										
2E										

Reason for issuance:*
☐ CXLD ☐ DLYD
☐ OVSLD ☐ MSCNX

DIVERSION BY (CARRIER CODE)*

Total number of passengers

For accounting purpose only:

The receiving carrier agrees to transport the listed passengers (irrespective of class, service or routing) at no additional charge to the forwarding carrier (IATA Resolution 735d). Billing and settlement of the coupons listed shall be in accordance with the provisions of the IATA Revenue Accounting Manual (RAM).

Validator, name and/or ID of the FIM issuing agent.

DISTRIBUTION:
White copy(ies) — to receiving carrier(s)
Yellow copy(ies) (and lifted coupons if any) — to Revenue Accounting FIM issuing airline or Forwarding Carrier.
Pink copy — for issuing office file

* Check either the "Reason for Issuance" box in case of involuntary reroute or the "Diversion By" in the case of involu reroute en route where a flight has been diverted. Only one box must be completed.

그림 8-8_ 매뉴얼 FIM 발행의 예

```
FORMAT
ADDRESS(ES)
SIGNATURE
FIM
INTERRUPTED    FLT/DTE/LEG                          W/O TKT REISSUE NBR PAX
REROUTED ON    FLT/DTE/LEG
ONTO           FLT/DTE/LEG

CARRIER/LOCATION HOLDING FLT CPNS/ORIG. ROUTING

NAME                  TKT NBR               ORIG. FARE         CLASS ON NEW FLT
                                            BASIS/TKT DESIG

Example:

    QU    CPHKPLH    FRAKPAZ    CPY    FRAKPSK    LINKPSK
    CPHKPSK
    FIM


    INTERRUPTED SK685/02/CPHMIL             W/O TKT REISSUE    35 PAX
    REROUTED ON LH007/02         CPHFRA
    ONTO AZ423/02        FRALIN
    SK/STO HOLDING FLT CPNS STOLIN


    01        SMITH          123   4567   891234   YEE60     C
    02        SMITH          123   4567   891235   YEE60CH   C
    03        SCHULZ         345   6789   123456   C         Y
    04        ANDERSON       234   5678   912345   MEE45     Y


    EXCESS BAGGAGE
    01        SMITH          333   451    1234567  20KG
    03        SCHULZ         014   452    1234568  2PC
```

✍ 그림 8-9_ 시스템을 통한 FIM 발행의 예

Rerouted from: (Forwarding carrier)				FLIGHT INTERRUPTION MANIFEST					validator and name and/or ID of the FIM issuing agent		
Airline	Flight	Date	Pt. of Interrupt	Reason for issuance: * ☐ CXLD ☐ OVSLD ☐ DLYD ☐ MSCNX				Diversion By: * (Carrier code)			
Rerouted to: (Receiving Carrier)				Rerouted to: (2nd Receiving Carrier)							
Airline	Flight	Date	From	To	Airline	Flight	Date	From	To		

No.	Passenger's Name	Ticket Number						Fare Basis and Passenger Type Code	Cabin Class:		Excess PC / WT
		Cpn	Airline Code	Form and Serial Number		Ck	ET		New flight 1	New flight 2	
1											
2											
3											
4											
5											

For accounting purposes only: TTL PAX

DISTRIBUTION
White copy(ies) — to receiving carrier(s)
Yellow copy(ies) and lifted coupons if any — to Revenue
Accounting FIM issuing airline or Forwarding Carrier
Pink copy(ies) — for issuing office file

1 000 4500 000 000 0

✍ 그림 8-10_ 항공권 형태의 매뉴얼 FIM의 예

Study Check

1. 다음 중 도착 항공편을 서비스하는 직원이 확인해야 하는 메시지가 아닌 것을 고르시오.

   ⓐ NDC
   ⓑ PSM
   ⓒ PTM
   ⓓ TPM

2. 다음 중 도착 후 서비스에 속하지 않는 것을 고르시오.

   ⓐ 이동 시 도움이 필요한 승객에게 서비스를 제공한다.
   ⓑ 입국 심사 시 서비스가 필요한 승객에게 도움을 준다.
   ⓒ 항공기 검사에 필요한 정보를 관리한다.
   ⓓ 항공편에서 하기하는 승객을 안내한다.

3. 수하물 분실이 가장 많이 발생하는 원인을 고르시오.

   ⓐ 도착 공항의 취급 부주의
   ⓑ 수하물 탑재 실패
   ⓒ 수하물 라벨 인식 불가
   ⓓ 환승 항공기의 연결 문제

4. 다음 중 항공기 비상 상황의 경우가 아닌 것을 고르시오.

   ⓐ 항공기의 출발 지연
   ⓑ 항공기의 만석
   ⓒ 회항
   ⓓ 출발 항공기의 램프로의 복귀

5. 다음 중 국가 및 정부로 인한 항공기 비상 상황이 아닌 것을 고르시오.

   ⓐ 파업
   ⓑ 전쟁
   ⓒ 기체 결함
   ⓓ 천재지변

6. DBC는 탑승 거부 시 지불되는 보상 금액을 의미한다.

   ⓐ True
   ⓑ False

7. 항공기 취소 시 PGSA는 승객의 편안한 여행을 위하여 타 항공사의 탑승을 유도한다.

   ⓐ True
   ⓑ False

8. 항공기 취소 시 대체 경로를 이용하게 되는 승객은 반드시 여권과 비자를 재확인해야 한다.

   ⓐ True
   ⓑ False

9. 항공기 비상 상황 시 항공기가 아닌 대체 가능한 다른 교통편을 제공할 수도 있다.

   ⓐ True
   ⓑ False

10. FIM은 비상 상황 시 발행하는 승객이 비용을 지불하는 운송 문서이다.

   ⓐ True
   ⓑ False

정답 : 1.ⓐ 2.ⓒ 3.ⓓ 4.ⓑ 5.ⓒ 6.ⓐ 7.ⓑ 8.ⓐ 9.ⓐ 10.ⓑ

연습
문제

DCS
Introduction to Airport Check-in Services

1. 다음 중 DCS가 수행하는 기능이 아닌 것을 고르시오.

   ⓐ 중량 배분
   ⓑ 수하물 일치
   ⓒ 항공권 환불
   ⓓ 탑승 진행

2. 인천국제공항공사에서 개발한 우리나라 공용체크인 시스템의 이름은 AirCUS 이다.

   ⓐ True
   ⓑ False

3. 항공 예약 및 발권과 그 외 다양한 항공 관련 서비스를 진행하는 시스템은 DCS 이다.

   ⓐ True
   ⓑ False

4. 공항 수속 및 승객이 요청한 항공사 서비스 업무를 진행하는 사람을 PGSA라고 부른다.

   ⓐ True
   ⓑ False

5. 연결편 예약이 있는 승객은 수하물을 항공기 환승 시 반드시 재확인하여야 한다.

   ⓐ True
   ⓑ False

6. 다음 중 탑승 승객의 출발 하루 전 최종 수정된 명단을 의미하는 용어를 고르시오.

   ⓐ PNL

   ⓑ PNR

   ⓒ EMD

   ⓓ ADL

7. 다음 중 깨지기 쉬운 수하물을 기내 좌석에 탑재하는 서비스 요청 코드를 고르시오.

   ⓐ WCHR

   ⓑ MEDA

   ⓒ CBBG

   ⓓ MAAS

8. 위탁 수하물은 승객이 여행하는 항공기의 화물칸으로 운송되는 모든 수하물을 의미한다.

   ⓐ True

   ⓑ False

9. 위험하거나 운송하기에 적합하지 않은 수하물을 비동반 수하물이라고 한다.

   ⓐ True

   ⓑ False

10. 다음 중 반드시 기내 수하물로 보관해야 하는 수하물 종류를 고르시오.

  ⓐ 세면도구
  ⓑ 여권
  ⓒ 여벌 옷
  ⓓ 책

11. 다음 중 체크인 시 고려하지 않아도 되는 사항을 고르시오.

  ⓐ 승객의 위탁 수하물 개수 및 무게
  ⓑ 승객의 기내 수하물 무게
  ⓒ 승객의 기내 수하물 품목
  ⓓ 승객의 무게

12. 다음 중 수하물 태그에 포함되지 않는 정보를 고르시오.

  ⓐ 승객의 탑승 터미널 번호
  ⓑ 승객의 환승 지역
  ⓒ 승객의 목적지
  ⓓ 승객의 탑승 항공사

13. 다음 중 올바르지 않은 내용을 고르시오.

  ⓐ 휠체어를 사용하는 승객은 항공 예약 시 사전에 요청이 가능하다.
  ⓑ 자신의 휠체어를 사용하는 승객은 항공사의 휠체어 서비스를 제공받을 수 없다.
  ⓒ 항공사는 자체 규정에 따라 골프백 운송의 비용을 적용한다.
  ⓓ 카약을 소지하는 승객은 위탁 수하물이 아닌 화물로만 운송이 가능하다.

14. 도착 국가의 반입 제한 규정이 없어도 부패하기 쉬운 음식물은 기내 반입이 엄격히 제한된다.

   ⓐ True

   ⓑ False

15. 다음 중 국가 원수가 속하는 항공사의 승객 분류 코드를 고르시오.

   ⓐ CEO

   ⓑ VIP

   ⓒ VVIP

   ⓓ CIP

16. 다음 중 의료적 주의가 필요한 승객에게 적용되지 않는 서비스 코드를 고르시오.

   ⓐ STCR

   ⓑ OXYG

   ⓒ CBBG

   ⓓ MEDA

17. 다음 중 AirCUS 내의 보딩패스 프린터를 표기하는 장비 코드를 고르시오.

   ⓐ BP

   ⓑ BC

   ⓒ BT

   ⓓ PR

18. 다음 중 AirCUS의 기능이 아닌 것을 고르시오.

   ⓐ 카운터 안내 시스템
   ⓑ 보딩패스 발급 기능
   ⓒ 수하물 검색 조회 기능
   ⓓ 항공권 발행 기능

19. 항공권 이외의 서비스에 대한 비용을 지불하는 방식을 EMD라고 부른다.

   ⓐ True
   ⓑ False

20. 의료적 서비스가 필요한 승객의 항공 예약 시 MEDA의 서비스 코드가 사용된다.

   ⓐ True
   ⓑ False

21. 항공기 비상 상황 시 승객의 여정을 타 항공사로 양도하는 문서를 FIM이라고 한다.

   ⓐ True
   ⓑ False

22. PGSA는 승객의 편안하고 안전한 여행을 위해 수속 시 위험 물품의 소지에 대해
    승객에게 반드시 고지해야 한다.

   ⓐ True
   ⓑ False

23. TIMATIC은 항공사 직원 및 가족의 할인 항공권 신청 사이트이다.

    ⓐ True

    ⓑ False

24. 다음 중 승객과 수하물의 일치 시스템을 의미하는 용어를 고르시오.

    ⓐ BHS

    ⓑ PSCRM

    ⓒ BRS

    ⓓ APIS

25. 다음 중 Through Check-in을 설명하는 내용으로 잘못된 것을 고르시오.

    ⓐ 승객은 연결 항공편을 편리하게 탑승할 수 있다.

    ⓑ 상호 계약이 완료된 항공사들 간에만 가능하다.

    ⓒ 승객의 수하물은 최종 목적지까지 운송이 가능하다.

    ⓓ 승객은 환승 지역에서 입국 심사를 하고 최종 목적지 항공기를 탑승하게 된다.

정답

1	ⓒ	6	ⓓ	11	ⓓ	16	ⓒ	21	ⓐ
2	ⓐ	7	ⓒ	12	ⓐ	17	ⓐ	22	ⓐ
3	ⓑ	8	ⓐ	13	ⓑ	18	ⓓ	23	ⓑ
4	ⓐ	9	ⓑ	14	ⓑ	19	ⓐ	24	ⓒ
5	ⓑ	10	ⓑ	15	ⓒ	20	ⓐ	25	ⓓ

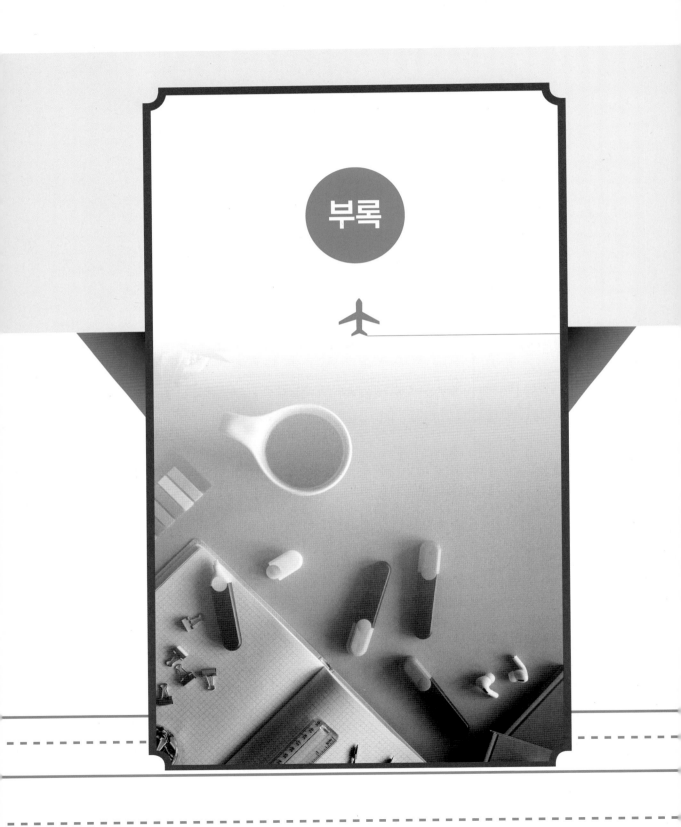

부록

DCS
Introduction to Airport Check-in Services

한국소비자보호원의 소비자 분쟁 해결 기준

항공(국제여객)		
분쟁 유형	해결 기준	비고
1) 위탁 수하물의 분실 · 파손 지연 등	• 손해배상(항공운송약관에 의거 배상 또는 국제 항공 운송에 있어서의 일부 규칙 동일에 관한 협약 및 상법에 따른다.)	* 수하물 가격 신고 후 종가요금을 지급한 경우 신고 가격으로 배상함.
2) 항공권 미사용 시 환급 조건 – 여객 사정으로 항공권 유효 기간 만료 전(또는 약관에서 별도로 정한 기간 이내) 환급 요구 시 　• 항공권 전부 미사용 시 　• 항공권 일부 미사용 시	 • 항공권 구입 금액에서 취소 수수료를 공제한 차액 환급 • 항공권 구입 금액에서 사용 구간 적용 운임 및 취소 수수료를 공제한 차액 환급	* 취소 시한 이내에 예약 취소하지 않은 경우 취소 수수료 공제, 적용 서비스 요금 및 통신비 소요 시 통신비를 운임에서 공제함.
3) 항공권 분실 시의 환급 조건 – 대체 항공권을 구입하지 않은 경우 　• 전부 미사용 분실 항공권 　• 일부 사용 분실 항공권 – 대체 항공권(동일 구간)을 구입한 경우 – 분실 항공권 재발행	 • 지급 운임 전액 환급 • 탑승 구간 적용 운임 공제 후 환급 • 대체 항공권 구입 금액 환급 • 탑승 구간을 제외한 미사용 구간 항공권 발행	* 분실 항공권 환급은 항공운임 약관에서 정한 기간 이내에 분실신고 및 본인 또는 타인에 의해 미사용 또는 미환급 확인 및 추후 이중 사용 발생 시 배상 동의 후 환급함. * 분실 항공권과 동일한 공사, 구간 및 등급 이용 조건 * 본인 또는 타인에 의해 이중사용 발생 시 배상 동의 및 적용 서비스 요금(재발행 수수료) 여객 부담 조건
4) 운송 불이행(Overbooking, No-Record 등). 다만, 국토교통부에서 정하고 있는 항공기 점검을 하였거나 기상 사정, 공항 사정, 항공기 접속관계, 안정 운항을 위한 예견하지 못한 조치 등을 증명한 경우에는 제외 ① 대체편이 제공된 경우 – 운항시간 4시간 이내 　• 2시간 이후 ~ 4시간 이내 대체편 제공 시 　• 4시간 초과 대체편 제공 시	• 체재 필요 시 적정 숙식비 등 경비 부담 • USD 200 배상 • USD 400 배상	* 목적지 도착 기준 * 각 항공사에서 정하고 있는 탑승 수속 마감 시간 이후 도착자는 제외 * 보상 기준 금액은 최고한도임 (체재 필요시 적정숙 · 식비 등 경비 포함) * 운항시간 4시간을 운항거리 3,500m와 동일하게 적용함.

항공(국제여객)		
분쟁 유형	해결 기준	비고
- 운항 시간 4시간 초과 　• 2시간 이후 ~ 4시간 이내 대체편 제공 시	• USD 300 배상	
• 4시간 초과 대체편 제공 시	• USD 600 배상	
② 대체편을 제공하지 못한 경우	• 불이행된 해당 구간 운임 환급 및 USD 600 배상	
③ 대체편 제공을 여객이 거부한 경우	• 불이행된 해당 구간 운임 환급 및 ①의 규정에 준하여 최초 대체편 제공 가능 시기를 산정하여 배상	* 목적지 도착 기준
5) 운송 지연, 다만, 국토교통부에서 정하고 있는 항공기 점검을 하였거나 기상 사정, 공항 사정, 항공기 접속관계, 안정 운항을 위한 예견하지 못한 조치 등을 증명한 경우에는 제외 - 2시간 이상~4시간 이내 운송 지연	• 체재 필요시 적정 숙식비 등 경비부담 • 지연된 해당 구간 운임의 10% 배상	
- 4시간 이상 ~ 12시간 이내 운송 지연	• 지연된 해당 구간 운임의 20% 배상	
- 12시간 초과 운송 지연	• 지연된 해당 구간 운임의 30% 배상	
6) 감염병 발생으로 항공사 또는 여객이 계약 내용 변경 또는 계약 해제를 요청한 경우		
- 외국정부가 우리 국민에 대해 입국 금지·격리 조치 및 이에 준하는 명령을 발령하여 계약을 이행할 수 없는 경우, 계약 체결 이후 외교부가 도착 예정 지역·국가에 여행경보 3단계(철수권고)·4단계(여행금지)를 발령하여 계약을 이행할 수 없는 경우, 항공 운항이 중단되어 계약을 이행할 수 없는 경우		
• 계약 내용 변경 시	• 변경 수수료 없이 계약 내용 변경	* 계약 내용 변경이란, 여행 일정 변경 등 계약 내용 변경에 대해 당사자 간에 합의가 이루어진 것을 말함.
• 계약 해제 시	• 취소 수수료 없이 항공 운임 전액 환급	

항공(국제여객)		
분쟁 유형	해결 기준	비고
– 계약 체결 이후 외교부가 도착 예정 지역 국가에 특별여행주의보를 발령하거나 세계보건기구(WHO)가 감염병 경보 6단계(세계적 대유행, 팬데믹)·5단계를 선언하여 계약을 이행하기 상당히 어려운 경우		* 세계보건기구(WHO)가 감염병 경보 5단계를 선언한 경우는 감염병이 발생한 해당 지역에 한함.
• 계약 내용 변경 시	• 변경 수수료 없이 계약내용 변경	
• 계약 해제 시	• 취소 수수료의 50% 감경	* 항공 운임에서 취소 수수료의 50% 공제 후 환급함.

인천국제공항 취항 항공사

출처: www.airport.kr

제1여객터미널

S7 Airlines S7항공	Lufthansa 루프트한자 독일항공	malaysia 말레이시아 항공	MAI 미얀마국제항공	산동항공
Shenzhen Airlines 심천항공	SINGAPORE AIRLINES 싱가포르항공	American Airlines 아메리칸항공	ASIANA AIRLINES 아시아나항공	Emirates 에미레이트항공
EVA AIR 에바항공	AIR NEW ZEALAND 에어 뉴질랜드	air astana 에어 아스타나	Ethiopian 에티오피아항공	ETIHAD 에티하드 항공
UZBEKISTAN airways 우즈베키스탄항공	UNITED 유나이티드항공	AIR CHINA 중국국제항공	QATAR 카타르항공	AIR CANADA 캐나다항공
CATHAY PACIFIC 캐세이퍼시픽항공	THAI 타이항공	TURKISH AIRLINES 터키항공	LOT 폴란드항공	FINNAIR 핀에어
Philippine Airlines 필리핀항공	HAWAIIAN 하와이안 항공			

탑승동

Vietnam Airlines 베트남항공	*cebu pacific* 세부퍼시픽항공	scoot 스쿠트타이거항공	AIR SEOUL 에어서울	*JEJUair* 제주항공
CHINA SOUTHERN AIRLINES 중국남방항공	CHINA EASTERN 중국동방항공	JIN AIR 진에어	SPRING AIRLINES 춘추항공	t'way 티웨이항공

제2여객터미널

KLM KLM네덜란드항공	Garuda Indonesia 가루다인도네시아	KOREAN AIR 대한항공	DELTA 델타항공	XIAMENAIR 샤먼항공
AEROMEXICO 아에로멕시코	AEROFLOT 아에로플로트 러시아항공	AIRFRANCE 에어 프랑스	CHINA AIRLINES 중화항공	

🌐 인천국제공항 층별 안내 및 터미널 간 이동 안내

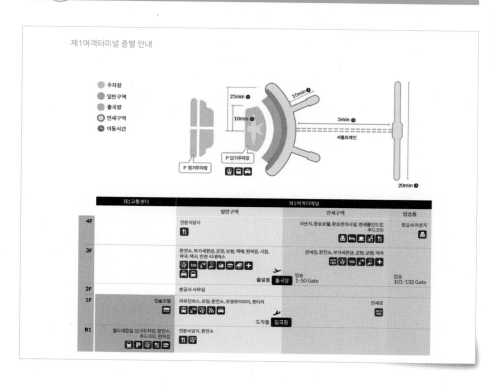

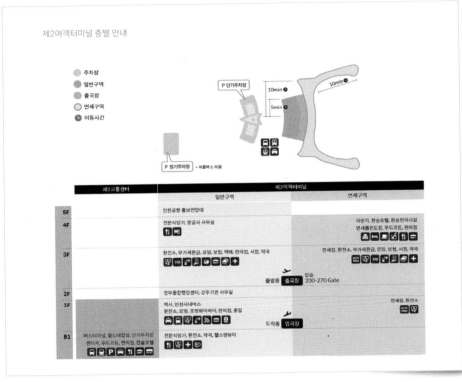

제2여객터미널 층별 안내

제2교통센터	제2여객터미널		
	일반구역		면세구역
5F	인천공항 홍보전망대		
4F	전문식당가, 항공사 사무실		라운지, 환승호텔, 환승편의시설 면세품인도장, 푸드코트, 편의점
3F	환전소, 부가세환급, 로밍, 보험, 택배, 편의점, 서점, 약국		면세점, 환전소, 부가세환급, 로밍, 보험, 서점, 약국
		출발층 출국장	탑승 230-270 Gate
2F	정부종합행정센터, 상주기관 사무실		
1F	택시, 인천시내버스 환전소, 로밍, 포켓와이파이, 편의점, 꽃집		면세점, 환전소
		도착층 입국장	
B1	버스터미널, 철도대합실, 단기주차장 센터, 푸드코트, 편의점, 캡슐호텔	전문식당가, 환전소, 약국, 헬스앤뷰티	

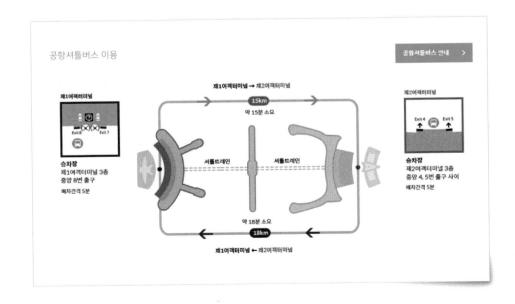

공항셔틀버스 이용

공항셔틀버스 안내 >

공항철도 이용

· 공항철도로 터미널간 이용 시에는 유료로 이용가능합니다. (금액 : 900원)

공항철도 안내 >

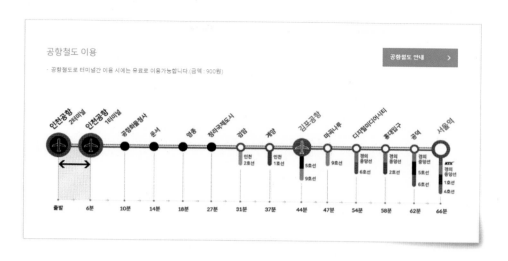

저자 소개

| 김경혜

(주)카사인터내셔널 대표
한국항공대학교 항공경영대학원 석사과정
전) 백석예술대학 항공서비스학과 겸임교수
　　가루다인도네시아항공사 영업마케팅 총괄이사
　　스칸디나비아항공사 기업영업
　　타이항공사 예약발권

| 박지윤

세종대학교 관광대학원 석사과정
아주대학교 졸업
IATA 국제 공인 자격증 보유
전) 가루다인도네시아항공사 예약&발권 총괄

| 조인환

백석예술대학교 항공서비스학부 교수
백석대학교 관광아카데미 교수
전) 세종대학교 호텔관광경영학과 겸임교수
　　세종대학교 관광대학원 겸임교수
　　미국 노스웨스트항공사에서 마케팅 매니저로 근무
　　미국항공사연합에서 마케팅 디렉터로 근무

| 박인실

백석예술대학교 교수
경기대학교 관광전문대학교 관광학박사
전) 일본항공근무

DCS 공항 수속 서비스 개론

초판 1쇄 발행 2022년 8월 25일

저　자　김경혜 · 박지윤 · 조인환 · 박인실
펴낸이　임순재
펴낸곳　(주)한올출판사
등　록　제11-403호
주　소　서울시 마포구 모래내로 83(성산동 한올빌딩 3층)
전　화　(02) 376-4298(대표)
팩　스　(02) 302-8073
홈페이지　www.hanol.co.kr
e-메일　hanol@hanol.co.kr
ISBN　　979-11-6647-257-2

DCS
공항 수속 서비스
개론